CAMBRIDGE LIBRARY COLLECTION

Books of enduring scholarly value

Linguistics

From the earliest surviving glossaries and translations to nineteenth-century academic philology and the growth of linguistics during the twentieth century, language has been the subject both of scholarly investigation and of practical handbooks produced for the upwardly mobile, as well as for travellers, traders, soldiers, missionaries and explorers. This collection will reissue a wide range of texts pertaining to language, including the work of Latin grammarians, groundbreaking early publications in Indo-European studies, accounts of indigenous languages, many of them now extinct, and texts by pioneering figures such as Jacob Grimm, Wilhelm von Humboldt and Ferdinand de Saussure.

Zum heutigen Stand der Sprachwissenschaft

Karl Brugmann (1849–1919) was one of the central figures in the circle of Neogrammarians who rejected a prescriptive approach to the study of language in favour of diachronic study. This short overview of the development of comparative Indo-European linguistics and philology in the second part of the nineteenth century was first published in 1885, the year before Brugmann's celebrated multi-volume comparative grammar of Indo-European began to appear. To Brugmann, language is not an autonomous organism that develops according to inherent laws. It exists only in the individual speaker, and every change in a language takes place because of the speaker, though speakers share similar psychological and physical processes. Traditional philologists, including Brugmann's former university teacher Georg Curtius (1820–85), were extremely hostile to the Neogrammarians' approach. Here, Brugmann responds to Curtius's criticism and defends his research methodology and theories.

Cambridge University Press has long been a pioneer in the reissuing of out-of-print titles from its own backlist, producing digital reprints of books that are still sought after by scholars and students but could not be reprinted economically using traditional technology. The Cambridge Library Collection extends this activity to a wider range of books which are still of importance to researchers and professionals, either for the source material they contain, or as landmarks in the history of their academic discipline.

Drawing from the world-renowned collections in the Cambridge University Library, and guided by the advice of experts in each subject area, Cambridge University Press is using state-of-the-art scanning machines in its own Printing House to capture the content of each book selected for inclusion. The files are processed to give a consistently clear, crisp image, and the books finished to the high quality standard for which the Press is recognised around the world. The latest print-on-demand technology ensures that the books will remain available indefinitely, and that orders for single or multiple copies can quickly be supplied.

The Cambridge Library Collection will bring back to life books of enduring scholarly value (including out-of-copyright works originally issued by other publishers) across a wide range of disciplines in the humanities and social sciences and in science and technology.

Zum heutigen Stand der Sprachwissenschaft

Karl Brugmann

CAMBRIDGE
UNIVERSITY PRESS

CAMBRIDGE UNIVERSITY PRESS

Cambridge, New York, Melbourne, Madrid, Cape Town, Singapore,
São Paolo, Delhi, Dubai, Tokyo

Published in the United States of America by Cambridge University Press, New York

www.cambridge.org
Information on this title: www.cambridge.org/9781108006934

This edition first published 1885
This digitally printed version 2009

ISBN 978-1-108-00693-4 Paperback

ZUM HEUTIGEN STAND

DER

SPRACHWISSENSCHAFT.

VON

KARL BRUGMANN,

ORD. PROFESSOR DER VERGLEICHENDEN SPRACHWISSENSCHAFT
IN FREIBURG i. B.

STRASSBURG.
VERLAG VON KARL J. TRÜBNER.
1885.

Buchdruckerei von G. Otto in Darmstadt.

INHALT.

I.

SPRACHWISSENSCHAFT

UND

PHILOLOGIE

EINE AKADEMISCHE ANTRITTSVORLESUNG.

Hochansehnliche Versammlung!

Das Fach, als dessen neuberufener und erster Vertreter an unsrer Hochschule ich heute zu Ihnen zu
sprechen die Ehre habe, steht zu keiner von den
Wissenschaften, die schon früher bei uns besondrer
Pflege theilhaft geworden sind, in so enger innerer
Beziehung als zur Philologie. So sei es mir gestattet,
in dieser Stunde auf diese beiden Wissenschaftszweige,
auf die Art, wie sie ihrem Begriff und ihren Aufgaben
nach zusammenhängen und wie sie einander in der
Praxis gegenüberstehen, Ihre Aufmerksamkeit zu lenken.

Wie die Lösung jedes einzelnen Problems einer
Wissenschaft immer von einem Raten und Ahnen ausgeht, so hat auch die Ermittlung des Wesens und Um-
fangs einer ganzen Disciplin stets von unklaren Vorstellungen, von der hypothetischen Verallgemeinerung
unvollkommener Beobachtungen ihren Anfang genommen.
Erst allmälig und nach mancherlei Irrungen sind sich
die einzelnen Wissenschaften ihrer Ziele und ihres begrifflichen Verhältnisses zu andern Zweigen der Ge-
sammtwissenschaft deutlicher bewusst geworden, und

1*

noch in den letzten Jahrzehnten ist man durch unge-
ahnte Entdeckungen, die der Forschung neue Perspec-
tiven eröffneten, genötigt worden, den Begriff verschiedener Wissenschaften anders zu bestimmen als man ihn
bis dahin zu fassen gewohnt war. Wir dürfen also
nicht glauben, dass heute schon jede Disciplin ihre
endgültig richtige, durch keine Fortschritte der Forschung verrückbare Stelle in dem System der Wissenschaften gefunden habe. Aber das wenigstens müssen
wir uns stets, und angesichts der immer weiter gehenden Theilung und Specialisierung der wissenschaftlichen
Forschung heute mehr denn je vorher, angelegen sein
lassen, dass wo eine Arbeitstheilung stattgefunden hat
keine künstlichen Schranken aufgerichtet, dass nur
solche Grenzen für wirkliche Grenzscheiden angesehen
werden, die durch die Natur des Erkenntnisobjectes,
durch den Begriff der Wissenschaft selbst gezogen sind.
Diess letztere gilt nicht am wenigsten, wie mir scheint,
von dem Verhältnis der indogermanischen Sprachwissenschaft zur Philologie.

Die indogermanische Sprachwissenschaft — die sogenannte vergleichende Sprachforschung — und die
Philologie sind Jahrzehnte hindurch für Disciplinen erklärt worden, die zwar vielfach einander berührten und
mancherlei von einander zu lernen hätten, deren Wesen
und Ziele aber doch verschieden wären.

Dass diese Ansicht aufkam und Platz griff, ist
nicht zu verwundern. Es waren im Beginn unseres
Jahrhunderts nur erst zwei Völker, deren Culturleben
einer genaueren philologischen Betrachtung gewürdigt
wurde, die alten Griechen und Römer. Die Weise,
wie die Philologie sich damals zu den beiden classischen

Sprachen als wissenschaftlichem Untersuchungsobject
stellte, war im Wesentlichen dieselbe, wie schon die
griechischen Grammatiker der alexandrinischen Zeit und
ihre Schüler, die Römer, ihre Sprachstudien betrieben
hatten. Da kam, durch das Bekanntwerden des Sanskrit
in Europa vermittelt, die Entdeckung des geschwister-
lichen Zusammenhangs der indogermanischen Sprachen
und der Hinweis auf die weit jenseits aller geschichtlichen Überlieferung schwebende Ursprache als die
gemeinsame Quelle aller dieser einzelnen Sprachentwicklungen; die vergleichende Sprachwissenschaft trat
auf den Plan. Wie fremdartig, wie unphilologisch
musste dem Philologen, der im Besitze seiner durch
eine zweitausendjährige Tradition sanctionierten Methode
der Sprachforschung sich völlig sicher fühlte, die Art
und Weise vorkommen, wie diese 'Sprachvergleicher'
mit den classischen Sprachen umgingen. Als das, was
die Idee der Philologie heische, und als der Inbegriff
der grammatischen Wissenschaft erschien ihm, dem
Philologen, einerseits das sammelnde Forschen in den
Sprachdenkmälern, die Beobachtung und treue Aufzeichnung des buchstäblich Beglaubigten, die genaue
Unterscheidung der einzelnen Erscheinungen nach der
Häufigkeit und nach Ort und Zeit des Vorkommens,
anderseits die Erfassung des Geistes der Sprache und
die Steigerung der Sprachkenntnis zum congenialen
Nach- und Mitempfinden. Dort dagegen hatte man
— so musste es scheinen — für das Leben der classischen Sprachen, wie es sich unmittelbar in den erhaltenen Schriftwerken spiegelt, so gut wie keinen
Sinn; der Schwerpunkt der neuen Gründung lag nicht
im Bereiche der direct greifbaren Thatsachen, son-

dern in einer nebelweiten Ferne der vorhistorischen Zeiten. Und nicht die Sprachen in ihrem ganzen Umfange interessierten, sondern nur eine Auswahl von Formen, solche, die man mit den Formen des Sanskrit und andrer fernliegender Sprachen glaubte etymologisch zusammenbringen zu müssen. Diese Formen zerschnitt und zergliederte man, um dann die Frage aufzuwerfen, wie die einzelnen Elemente sich in unvordenklichen Zeiten zusammengefunden und was jedes ursprünglich für sich bedeutet haben möge. Was konnte dabei für das Verständnis des classischen Altertums, in Sonderheit seiner Literatur herauskommen, zumal da die Syntax, dieser wichtigste und wesentlichste Theil der Grammatik, so gut wie keiner Beachtung gewürdigt wurde.[1] Nun, die Zeiten haben sich geändert. Die beiden Wissenschaften sind einander von Jahrzehnt zu Jahrzehnt näher gerückt und haben sich immer mehr in einander eingelebt.

Wie und wodurch diese allmälige Annäherung sich vollzogen hat, darauf gehe ich nicht ein. Es genüge die Andeutung: die Philologie wurde der indogermanischen Sprachwissenschaft vorzugsweise durch zweierlei

---

[1] Man höre beispielsweise Gottfried Hermann (Acta societ. Graecae I, 1836, p. XII): — alii autem, non magis multa iustaque lectione exculti, lucem sibi inde unde sol oritur, repercussam aurora boreali, affulsuram sperantes, ad Brachmanas et Ulphilam confugiunt, atque ex paucis non satis cognitarum linguarum vestigiis quae Graecorum et Latinorum verborum vis sit explanare conantur. Qui ut hic illic alicuius vocabuli formaeve originem inveniant, tamen ad Graecae Latinaeque linguae rationem explicandam vereor ne non plus lucrentur, quam si Germanus aliquis gentis suae linguam plurima vocabula communia cum Graeca habere sciat: quo ille sua lingua nihilo rectius utetur, quam si id nesciat.

entgegengeführt, einmal dadurch, dass sie neben den
beiden classischen auch andere indogermanische Völker
in ihren Forschungsbereich einbezog, d. h. dass sich
neben der classischen Philologie eine indische, eine
germanische, eine romanische u. s. w. constituierten,
und sodann dadurch, dass unter den Philologen von
verschiedenen Seiten her der Sinn für geschichtliche
Entwicklung kräftig und nachhaltig angeregt wurde;
die Sprachwissenschaft aber trat der Philologie besonders in Folge davon näher, dass sie sich mehr und
mehr in die Betrachtung des Einzellebens, der Einzel-
entwicklung der indogermanischen Sprachen versenkte.

Aber die Kluft zwischen den beiden Wissenschaften
hat sich nur erst verengert, noch nicht geschlossen.
Noch heute gibt es unter denen, welche wissenschaftlichen Sprachstudien obliegen, namentlich unter
den Philologen, nicht wenige, denen Sprachwissenschaft
und Philologie in einem gewissen begrifflichen Gegensatz stehen und die demgemäss beide Wissenschaften
in einigen Beziehungen nur im Verhältnis wechsel-
seitiger Hülfsleistung zu einander stehen lassen möchten.
Ich kann diese Anschauung nicht für richtig halten, und
es dürfte sich verlohnen, sie einer näheren Prüfung zu
unterwerfen.

Ich gehe aus von der Auffassung der Philologie,
die zuerst von Böckh vorgetragen worden und seitdem
nach und nach ins allgemeine Bewusstsein übergegangen
ist.[1] Danach ist die Aufgabe dieser Wissenschaft, die

---

[1] Die Bedenken, welche Usener in seiner gedankenreichen

geschichtliche Bethätigung des Geistes der Völker oder,
was dasselbe sagt, die Culturentwicklung der Völker
zu erforschen und darzustellen.

Das geistige Leben einer Volksgemeinschaft kann
sich in verschiedenartigen Thätigkeiten und Schöpfungen
offenbaren, in Sprache, in Glaube und Religion, in Sitte
und Recht, in Literatur, Wissenschaft und Kunst und
in der Gestaltung des öffentlichen und privaten Lebens.
Da wenigstens einige dieser Bethätigungsformen des
menschlichen Geistes sich bei sämmtlichen Völkern der
Erde finden — keines ist ja ohne Sprache und Glaube,
auch keines ohne Regungen des Kunstsinnes und ohne
solche Begriffe von sich und der umgebenden Natur,
die man als Anfänge einer wissenschaftlichen Thätigkeit
zu bezeichnen hat —, so hat jedes Volk ein Anrecht
auf philologische Betrachtung.[1] Dass eine solche in
weiterem Umfange heute nur erst verhältnismässig
wenigen Völkern, fast nur erst den Völkern mit höherer
Culturentwicklung zu Theil geworden ist, ändert hieran
nichts. Für die Bestimmung des Begriffs einer Wissenschaft müssen Erwägungen wie die, ob das durch die
Idee gewiesene Arbeitsfeld schon angebaut sei oder
nicht, ob es schwer zugänglich sei und ob der Anbau
wol auch die aufgewandte Mühe lohnen werde, ganz
bei Seite bleiben.

Die Gesammtphilologie gliedert sich hiernach in

Schrift 'Philologie und Geschichtswissenschaft' Bonn 1882 (vgl.
besonders S. 17) gegen diese Begriffsbestimmung vorbringt und
die ihn zu einer andern Ansicht über das Grundwesen der Philologie führen, werden im Verfolg unsrer Erörterung, so hoffe
ich, ihre Erledigung finden.

[1] Vgl. Heerdegen 'Untersuchungen zur lateinischen Sema-
siologie. 1. Einleitung', 1875, S. 7 ff,

doppelter Weise, einerseits nach den Völkern, den Trägern der geistigen Individualität, anderseits nach den verschiedenen Seiten des Geisteslebens. Diese beiden Gliederungen kreuzen sich, in der einen fällt auseinander was die andre zusammenfasst, und es ergeben sich als kleinste Einheiten Disciplinen wie die der deutschen Sprachgeschichte, der indischen Religionsgeschichte, der ägyptischen Kunstgeschichte, der chinesischen Literaturgeschichte. Da nun die verschiedenen Geistesarbeiten, die wir als Sprache, Religion, Kunst u. s. w. unterscheiden, bei einem und demselben Volk immer eine geschichtliche Einheit ausmachen, während zwischen den Trägern der Culturentwicklung, den Stämmen und Völkern, oft gar kein geschichtlicher Zusammenhang auffindlich ist, so erscheint die Eintheilung der Gesammtphilologie nach den Volkseinheiten, die Nebeneinanderstellung einer deutschen, einer indischen, einer ägyptischen Philologie u. s. w., als die nächstliegende und naturgemässe Gliederung. Und es ergibt sich als die specielle Aufgabe einer auf dieses Princip gegründeten Einzelphilologie, das Culturleben des betreffenden Volkes in seiner ganzen Breite und seiner gesammten geschichtlichen Entwicklung, so weit uns unsre Erkenntnisquellen führen, zu verfolgen und zu erfassen.

Dabei muss berücksichtigt werden, dass der Begriff des Volkstums, der Volksindividualität von dem Gesichtspunkt einer genealogischen Classification allein aus nicht gegeben ist. Die Geistesgeschichte eines Stammes oder eines Complexes von nächstverwandten und in wechselseitigem Verkehr lebenden Stämmen und Völkern beruht — so weit wir schauen können — niemals ausschliesslich auf seinem ureignen Wesen, beschränkt sich nie auf den innerhalb seiner Grenzen sich vollziehenden Process fortwährender Differenzierung und fortwährender Anpassung seiner einzelnen Glieder. Es kommen hinzu die mannigfachen, bald stärkeren bald schwächeren, bald mehr diese bald mehr jene Seite des Culturlebens modificierenden Einflüsse, welche von benachbarten nicht nächstverwandten oder ganz unverwandten Völkern ausgeübt werden. Je höher die Cultur und je reger der Verkehr — beides bedingt sich in der Regel wechselseitig —, um so mächtiger die Einwirkung. So müssen also die auf dem Verwandtschaftsprincip beruhenden Einzelphilologien sehr häufig, so zu sagen, die natürlichen Grenzen überschreiten, um das culturelle Leben und Thun der Völker verstehen zu lernen. Ich erinnere z. B. an den mächtigen Einfluss der griechischen Cultur auf Rom, in welchem die Union der griechischen und der römischen Philologie ihre Rechtfertigung findet,[1] an den engen Zusammenhang der persischen Philologie mit der semitischen, der magyarischen mit der deutschen und slavischen u. s. w. Es entstehen durch derartige culturelle Assimilationen oft die verwickeltsten historischen Verhältnisse, und es wird schwer, ja unmöglich, die Fäden alle zu verfolgen, die von Volk zu Volk gehen. In der Kunst und der Wissenschaft z. B. hat der gegenseitige Einfluss der höher civilisierten Völker in der Neuzeit eine solche Ausdehnung angenommen und sich zu einem solchen Grade der Wechselwirkung der ein-

---

[1] Die Hypothese, dass die Griechen und die Italiker auch genealogisch eine engere Einheit gegenüber den andern Indogermanen bilden, ist unerwiesen.

zelnen Glieder auf einander gesteigert, dass, wenn auch
nirgends die Grenzen des Volkstums verwischt sind,
doch eine Einheit vorliegt, die eine zusammenfassende,
alle Einzeltheile der ganzen Complication gleichmässig
berücksichtigende Betrachtung erfordert. Es kann dem
Einzelnen, der das moderne Culturleben eines europäischen Volkes erforscht, nicht zugemutet werden, dass
er alle Seiten der Geistesbethätigung gleichmässig ins
Auge fasse. Und so sind denn z. B. diejenigen, welche
die Geschichte der Sprache und Literatur der Franzosen
zum Gegenstand wissenschaftlicher Untersuchung machen,
in der Regel nicht dieselben, die sich mit der Geschichte
der französischen Kunst, diese wiederum nicht dieselben,
welche sich mit der Geschichte des französischen Rechts
beschäftigen u. s. w. Gleichwol sind sie Vertreter
derselben Wissenschaft, der französischen Philologie.
Mag die Einheit der Forschung aufgehoben sein,
die Idee der Einheitlichkeit der Wissenschaft selbst
darf darüber nicht verloren gehen. Immer wird die
Philologie ihrem Wesen nach an das Volk und Volkstum
gebunden sein.

Kann also die generelle, über die Besonderheit der
Volksindividualitäten sich erhebende Erforschung eines
einzelnen Gebietes der menschlichen Geistesthätigkeit,
z. B. eine generelle Betrachtung der Sprache oder der
Kunst, überhaupt als Philologie gelten? Diese Frage
ist öfters aufgeworfen worden, und die sie mit Nein
beantworteten kamen meist auch zu dem Schluss, die
vergleichende Sprachwissenschaft sei, weil sie eine
ganze Anzahl von Sprachen verschiedener Völker zu-
sammenfassend betrachte, keine philologische Disciplin,

sie gehöre vielmehr zur allgemeinen Sprachwissenschaft.[1]

Um hier zur Klarheit zu gelangen, hat man zunächst Folgendes zu bedenken. Alle culturgeschichtliche
Entwicklung beruht auf der Wechselwirkung zwischen
den Individuen. Es muss also überall, wo die Philologie culturelle Geschehnisse in der Betrachtung ver-
bindet, ein historischer Zusammenhang der Personen
vorliegen. Eine vergleichende Betrachtung z. B. der
Geschichte der griechischen Sprache und derjenigen der
irokesischen oder der germanischen Mythenentwicklung
und der chinesischen führt zu keinen historischen Er-
kenntnissen, weil eine geschichtliche Beziehung nicht
auffindbar ist. Immerhin können solche vergleichende
Betrachtungen gleichartiger Geistesschöpfungen von
Völkern, die geschichtlich einander fern stehen, lehr-
reich sein. Aber die Resultate, die sie abwerfen,
kommen lediglich der betreffenden Principienwissenschaft zu Gute, welche die allgemeinen, überall und
zu allen Zeiten gleichen Lebensbedingungen der Ge-
schichte-schaffenden Factoren untersucht.

Also jede generelle Betrachtung einer bestimmten
Seite des Culturlebens, sofern sie sich über Völker
ohne geschichtliche Berührung hinweg erstreckt, ist
allerdings auch mir keine eigentlich philologische Thätigkeit. Aber so steht es ganz und gar nicht mit der
vergleichenden Grammatik der indogermanischen Sprachen. Man lässt sich bei der Bestimmung dessen, was
von der philologischen Wissenschaft auszuschliessen sei,

[1] Vgl. z. B. Heerdegen a. a. O. 19 ff. Gegen seine De-
duction habe ich mich in Kürze schon im Literarischen Centralblatt
1875 Sp. 781 ausgesprochen.

durch den Ausdruck Volksindividuum irre leiten. Was
ist denn ein Volk für die Geschichtswissenschaft? Die
Thatsache, dass der Sprachgebrauch keine ionische oder
dorische, keine bairische oder alemannische, keine gross-
russische oder kleinrussische Philologie kennt, dass
man höchstens erst von einer deutschen Philologie,
einer griechischen (als Theil der classischen) und einer
russischen spricht, diese Thatsache zeigt, dass der
Philologe den Begriff des Volkstums nicht auf die
kleineren und kleinsten Volkseinheiten zu beschränken,
sondern diese zu höheren Einheiten zu verbinden pflegt.
Man steigt aber in der Zusammenfassung noch weiter
auf und spricht z. B. von einer germanischen und einer
slavischen Philologie, welche die einzelnen Glieder des
germanischen und des slavischen Völkerverbandes als
Individua, aber zugleich auch den ganzen Verband als
ein Individuum anzusehen haben, das in Sprache,
Glaube, Recht u. s. w. eigentümliche Züge aufweist.
Warum sollte man also schliesslich nicht auch den als
Philologen bezeichnen, der, die Geistesgeschichte der
ganzen indogermanischen Völkerfamilie umspannend,
sie in ihrem Verlaufe von der Zeit der indogermanischen
Urgemeinschaft an verfolgt und dabei nicht nur die
Verschiedenheiten innerhalb der Einheit ins Auge fasst,
sondern auch diese letztere selbst, das Gemeinsame,
was die ganze Völkergruppe gegenüber den semitischen,
hamitischen, uralischen u. s. w. Völkern als ein Individuum charakterisiert? Indogermanische Philologie
ist aber nicht bloss ein Postulat des Begriffs Philologie, sondern auch schon seit zwei Menschenaltern
praktisch geworden. Die durch Franz Bopp ins Leben
gerufene vergleichende Sprachwissenschaft ist nichts

anderes als ein Ausschnitt aus ihr, in derselben Weise,
wie z. B. die griechische Sprachwissenschaft ein Ausschnitt aus der griechischen Philologie ist. Und die
griechische Grammatik, die italische, die keltische u. s. f.
sind ebenso die constitutiven Theile der indogermanischen Grammatik, wie z. B. die Grammatik der dorischen Mundarten, die der ionischen u. s. w. zusammen
die griechische, oder wie die russische Grammatik, die
bulgarische, die serbische u. s. w. zusammen die
slavische ausmachen. Die indogermanische Sprachwissenschaft bildet sonach das genaue Gegenstück zur
semitischen, hamitischen, finnischen etc., und die Begriffe Gräcist, Latinist, Germanist etc. verhalten sich
zum Begriff des Indogermanisten nicht anders als z. B.
Arabist oder Hebraist zu Semitist.

Es dürfte hiernach klar sein, wie unhaltbar die
Ansicht ist, „die comparative Grammatik der indogermanischen Sprachen sei ein Theil der allgemeinen
Sprachwissenschaft und könne darum nicht als eine
Disciplin der Philologie betrachtet werden, die es mit
den Einzelsprachen zu thun habe“. Mit demselben
Rechte könnte man zwar die Forschung auf dem Gebiete der dorischen Mundarten oder dem der gotischen
Sprache zur Philologie, aber die griechische und die
germanische Sprachforschung zur allgemeinen Sprachwissenschaft rechnen. Und ferner sieht man, wie un-
zutreffend es ist, der indogermanischen Sprachforschung
gegenüber der griechischen, der italischen u. s. w.
nur die Rolle einer Hülfswissenschaft zuzugestehen,
wie es so oft geschieht. Eine Hülfsdisciplin, die diesen
Namen mit Recht trägt, steht begrifflich irgendwie
ausserhalb der Wissenschaft, der sie zu dienen hat,

grenzt an sie nur an. Der Begriff der griechischen, der italischen Sprachwissenschaft aber geht in dem der indogermanischen ohne Rest auf, und es ist jener Fehler derselbe, als wenn man die Erforschung der dorischen Dialekte und die griechische Sprachwissenschaft bloss in dem Verhältnis einer gegenseitigen Unterstützung wollte stehen lassen.

Die indogermanische Philologie als einheitliche Wissenschaft ist aber nicht nur nach der Seite der sprachlichen Entwicklung hin anbauungsfähig und anbauungsbedürftig. Der indogermanischen Sprachwissenschaft haben sich bereits eine Mythen- und eine Sittenkunde (Ethologie) von gleicher Ausdehnung angegliedert, und auch noch andre Seiten der Culturentwicklung lassen sich bis in die Zeit der Urgemeinschaft zurück verfolgen.[1] Wir können diess hier im Einzelnen nicht ausführen, und ich bemerke nur noch, dass es in erster Linie die Sprachwissenschaft ist, welcher die Ermittlung der verschiedenen Seiten des culturellen Lebens in prähistorischer Zeit ermöglicht ist. Ihr Untersuchungsobject, die Sprache, ist das Archiv, in dessen Urkunden, den bedeutungbehafteten Wörtern, wir vielerlei von dem vorgeschichtlichen Leben der Völker lesen.

Ihren Schwerpunkt hat die indogermanische Philologie bis jetzt in ihrem sprachlichen Theile gehabt und wird ihn voraussichtlich stets in diesem haben. Der Grund liegt in Folgendem. Kein geistiges Schaffen voll-

---

[1] Man vergleiche die Schilderung des Culturzustandes der indogermanischen Urzeit in dem vortrefflichen Werke von O. Schrader 'Sprachvergleichung und Urgeschichte. Linguistisch-historische Beiträge zur Erforschung des indogermanischen Altertums' (Jena, 1883), S. 333 ff.

zieht sich in gleichem Masse unbewusst wie das sprachliche Schaffen, keines ist in seiner von Generation zu
Generation sich fortpflanzenden Reproduction und Production so wenig den Eingriffen der Willkür ausgesetzt
und wird durch die ausserhalb des Geistes stehenden
Factoren, auf deren Zusammenwirken mit den psychischen Kräften die Weiterentwicklung und aller Fortschritt beruht, in seinem geschichtlichen Verlaufe so
wenig wesentlich alteriert. Darauf aber, dass diesem
Culturprodukt in seinem geschichtlichen Leben eine
grössere Stetigkeit und Unveränderlichkeit beiwohnt
als den andern, beruht es, dass der geschichtliche Zusammenhang und die Einheit der indogermanischen
Völker an dieser Seite der Geistesthätigkeit so unmittelbar und klar zum Vorschein kommt. Den schärfsten
Gegensatz zur Sprachthätigkeit bildet in dieser Beziehung wol die Gestaltung des 'öffentlichen Lebens' und
eines grossen Theiles des 'Privatlebens'. Hier spielen
das bewusste Schaffen und die freie Willensthätigkeit
eine ungleich grössere Rolle, und die umgebende Natur,
die verschiedenen geographischen Verhältnisse und was
damit unmittelbar und mittelbar zusammenhängt greifen
weit stärker modificierend ein. Hier sind also die
Unterschiede zwischen den einzelnen stammverwandten
Völkern zu der Zeit, wo diese an das Tageslicht der
Geschichte treten, viel bedeutender und der gemeinsame Ausgangspunkt der Entwicklung ist entsprechend
schwerer zu erkennen.[1]

---

[1] Theils dieser Umstand, theils die auf demselben Gebiet
der Geistesbethätigung so mächtig eingreifenden Einwirkungen,
die ein Volk vom andern erfährt (vgl. S. 9 f.), lassen leicht die
Geschichte im engeren Sinn als etwas von der Philologie wesent-

So wird sich also die indogermanische Philologie als solche immer vorzugsweise da bethätigen, wo es sich um Sprache handelt, und es dürfte nach dem Gesagten klar sein, dass, wenn auch die meisten Indogermanisten sich ausschliesslich mit der Sprache, nicht zugleich mit andern Seiten der Culturentwicklung beschäftigen, diess an den Begriff der indogermanischen Philologie ebenso wenig rührt, als es z. B. mit dem Begriff der classischen Philologie oder dem der französischen etwas zu schaffen hat, dass manche Forscher auf diesen Gebieten einseitig dem Studium der Literatur oder dem der Kunst obliegen. Man nenne demnach die Linguisten der Bopp'schen Schule immerhin einseitige Indogermanisten, aber man behaupte nicht, ihre Forschung sei nach Inhalt und Methode keine Philologie.

In der That hat denn auch noch niemand eine begriffliche Grenze zwischen Linguistik und Philologie zu ziehen gewusst, deren Unhaltbarkeit sich nicht leicht darthun liesse. Bei diesen Trennungsversuchen ist meist übersehen, dass die Theilung der Arbeit und das gegensätzliche Verhalten der Forscher zunächst aus dem Entwicklungsgange, den die wissenschaftliche Forschung genommen hat, erklärt werden muss und nicht ohne weiteres zu einer Verschiedenheit und einem Gegensatz der Wissenschaft selbst gestempelt werden darf. Nicht in den Sachen liegt eine Discrepanz, erst der Mensch, der einseitig urtheilende, trägt sie hinein.

---

lich verschiedenes erscheinen. Mir sind Geschichte und Sprachwissenschaft die zwei äussersten Glieder innerhalb der Reihe der philologischen Disciplinen.

Fassen wir diese Unterscheidungsversuche etwas näher ins Auge.

Früher konnte man oft hören, der Philologie komme auf Grund ihres Begriffes die Pflege der descriptiven oder statistischen Grammatik zu, der vergleichenden Sprachwissenschaft dagegen die entwicklungsgeschichtliche Forschung. Dass sich auf einigen Gebieten, namentlich auf dem Gebiete der classischen Sprachen, die Arbeit im Allgemeinen in dieser Weise zwischen denen, die sich Philologen, und denen, die sich vergleichende Sprachforscher zu nennen pflegen, vertheilt hat, ist richtig. Thatsache ist aber auch, dass es wenigstens auf zwei Gebieten, dem litauischen und dem keltischen, in neuester Zeit vornehmlich Linguisten sind, die sich um die Herausgabe der Sprachquellen und die Feststellung und Aufzeichnung des sprachlichen Usus bemühen. Dass hier die Comparativen leisten was anderwärts die Philologen zu besorgen pflegen, beruht darauf, dass etwas, was man eine litauische und eine keltische Specialphilologie nennen könnte, zum guten Theil erst durch die Linguisten ins Leben gerufen worden ist. Sind nun diese Indogermanisten, sind, um nur zwei Namen zu nennen, Schleicher und Ebel damit, dass sie Sprachstatistik trieben, so zu sagen aus ihrer Rolle gefallen? Thaten sie damit etwas, was ihnen naturgemässer Weise nicht zukam? Gewiss nicht. Wenn es die Aufgabe der Sprachwissenschaft ist, die Entwicklung der Sprache zu erforschen, so können die Sprachforscher nicht grundsätzlich von der Leistung der nötigsten Vorarbeiten entbunden werden. Ebenso wenig aber darf man anderseits die sprachgeschichtliche Forschung, d. h. die Erforschung des inneren Zusammen-

hangs, durch den eine sprachliche Begebenheit mit einer
andern und alle unter einander verkettet sind, als ausserhalb der Aufgabe der Philologie liegend bezeichnen. Denn
wer das thut, der spricht ja damit der Philologie ihren
Charakter als Geschichtswissenschaft ab. Über diesen
letzteren Irrtum sind denn auch wol alle Philologen
und Sprachforscher heute hinaus.

Nicht mehr Berechtigung hat die Behauptung, die
man auch jetzt noch vielfach sowol unter den Philologen als auch unter den Linguisten antrifft, der Philologie komme ihrem Wesen nach die Erforschung der
„C u l t u r s e i t e", der Linguistik diejenige der „N a t u r -
s e i t e" der Sprache zu. Unter jener versteht man
ihre Gestaltung im Geist und Mund der Gebildeten, in
Sonderheit ihre Behandlung in der Literatur. Als die
Naturseite dagegen bezeichnet man ihre Gestaltung im
Geist des naiven Menschen, also das gewöhnliche
naturwüchsige Alltagssprechen des gemeinen Mannes.
Hier ist nun die Thatsache zuzugeben, dass die Philologen bisher mehr jenes höhere, die Sprachforscher mehr
dieses niedere Sprechen zum Gegenstand der Untersuchung gemacht haben. Aber auch nicht mehr.

Wenn der Philologe seither vorwiegend die cultivierte Sprache ins Auge gefasst hat, so geschah diess
wegen ihrer Wechselbeziehung zur Literatur und weil
er die Individualität jedes einzelnen Schriftstellers zu
erfassen bemüht ist. Aber das ist nichts speciell
philologisches. Die Sprachwissenschaft verlangt an
sich selbst, dass der Forscher das Sprachleben bis in
seine eigentümlichsten Verzweigungen hinein verfolge.
Ist doch jede sprachliche Schöpfung, mag die Art
der Überlieferung das erkennen lassen oder nicht,

2*

allenthalben nur das Werk des einzelnen Individuums;[1] und mag der Einzelne noch so eigenartig
sprechen oder schreiben und der Antheil, den die
Reflexion, zumal die künstlerische, an seiner Sprach-
production nimmt, ein noch so grosser sein, sein sprach-
liches Schaffen ist immer an dieselben psychischen
und physischen Principien gebunden wie das jedes
Andern und also ebenso gut Untersuchungsobject der
Sprachwissenschaft wie jedes andere Sprechen. Und
wenn die Comparativen ihrerseits sich bisher vorzugsweise der Naturseite zugewandt haben, so geschah
diess aus dem Grund, weil die sprachgeschichtliche
Forschung mit dieser Seite zu beginnen hat. Erst
muss die Entwicklung einer Sprache in ihren Haupt-
ereignissen, in ihrer Gesammtbreite festgestellt sein,
ehe man sich den nur unwesentlich vom Ganzen, gewissermassen vom Durchschnittsniveau, abweichenden
individuellen Gestaltungen zuwenden kann. Auch ist
es natürlich, dass man zuerst die Seite der Sprachentwicklung vornimmt, in der das Spiel der neben einander wirkenden Factoren ein möglichst wenig com-
pliciertes ist, in der diese Factoren also am leichtesten
isoliert beobachtet werden können. Diese Seite ist eben
das gewöhnliche Alltagssprechen. Die indogermanische
Sprachwissenschaft steht noch zu sehr in den Anfängen,
um von dieser ihrer nächsten Aufgabe schon öfter als
gelegentlich abgehen und sich mit den schwierigeren
Fragen der gezüchteten Sprache befassen zu können.
Künftighin wird sie auch diesen ihre besondere Aufmerksamkeit zuwenden müssen. Natürlich hat auch der Philo-

---

[1] Vgl. Paul, Principien der Sprachgeschichte S. 20.

loge als solcher auf die Naturseite sein Augenmerk zu richten, so gut wie er z. B. als Archäologe nicht nur die Entwicklung des Tempelbaues und der sonstigen Gattungen des Kunstbaues sondern auch die Geschichte des einfachen Wohnhauses zu verfolgen hat.

Es handelt sich also hier nur um eine Arbeitstheilung. Diese ist nie eine vollständige gewesen und wird auch in dem Masse, wie sie jetzt besteht, auf die Dauer nicht aufrecht erhalten werden können. Diese Verschiedenheit philologischer und linguistischer Sprachbetrachtung wäre übrigens von Manchen gewiss nicht so urgiert worden, wie es geschehen ist, wenn sie sich nicht den Antheil, den die Reflexion bei dem hat, was man das cultivierte oder veredelte Sprechen nennen kann, im Verhältnis zum naiven Sprechen grösser vorgestellt hätten als er thatsächlich ist.

Weiter begegnet man der Ansicht, der Indogermanist habe das allgemein Indogermanische, das allen Einzelsprachen Gemeinsame, dagegen der Sanskritist, der Gräcist, der Latinist u. s. w. das speciell Indische, speciell Griechische u. s. f. zu erforschen. Hiergegen ist zunächst zu bemerken, dass doch jeder Specialist seinerseits erst Indogermanist werden müsste, um sich ein Urtheil darüber bilden zu können, was auf dem Boden der Einzelsprache wirklich individuell, neu hinzugekommen und nicht altererbt, altindogermanisch ist. Denn durch was anders sind wir im Stande das Eigentümliche einer Sprache als solches zu erkennen als dadurch, dass wir aus ihr heraustreten und sie mit andern Sprachen vergleichen? Abgesehen davon beruht aber jene Vertheilung der Aufgaben auch auf einer irrigen, immer

noch weit verbreiteten Vorstellung vom Wesen der
Sprache. Was man die Formen und Bedeutungen
einer Sprache zu nennen pflegt, das sind nur leere
Abstractionen. Sprache gibt es nirgends ausser im
einzelnen Menschen, in dem sie als ein Organismus von
Vorstellungsgruppen lebt, und nur in der psychischen
Organisation des Menschen liegen die Bedingungen
ihrer geschichtlichen Entwicklung. Und was wir als
die Sprache eines Volkes bezeichnen, ist nur die Summe
der einander bald näher, bald ferner stehenden, aber
stets unter einander geschichtlich verbundenen Indivi-
dualsprachen. Die psychische Organisation, die Sprach-
empfindung des Menschen verhält sich nun zu den
Sprachformen, welche vielleicht schon vor vielen Jahrhunderten in derselben Gestalt produciert worden, nicht
anders als zu denen, die erst kurz zuvor in der Sprachgenossenschaft aufgekommen waren und sich einge-
bürgert hatten. Die beiden Gattungen von Formen
liegen im Bewusstsein ganz ununterschieden neben einander. Und noch mehr: es gibt gar keine urindogermanischen Formen im Griechischen oder Lateinischen oder
in irgend einer andern indogermanischen Sprache neben
den später hinzugekommenen, sondern im Griechischen
existieren nur griechische, im Lateinischen nur lateinische Formen u. s. w. Denn alles, was wir als altererbt in einer einzelnen Sprache bezeichnen, ist doch
immer und unter allen Umständen schon dadurch etwas
Neues und Besonderes geworden, dass der ganze Organismus der im Bewusstsein lebenden Vorstellungsgruppen sich vielfach verändert hat und demnach
auch die Stellung des Einzelnen in ihm eine andre
geworden ist. Für die indogermanische Sprachforschung

gibt es also, wenn sie ihre Aufgabe richtig fasst, in demselben Masse nur Einzelsprachliches, Individuelles wie für den Specialphilologen. Man sieht demnach, wie wenig sachgemäss jene Vertheilung der Aufgaben ist, nach der der Formenvorrat einer Sprache gewissermassen auf zwei Haufen geworfen werden soll, als wäre die Sprache nichts andres als ein blosses Aggregat von Wörtern. Man erkennt aber zugleich hier wieder, wie notwendig es ist, die Aufgabe des Indogermanisten dahin zu bestimmen, dass er die gesammte Entwicklung der Sprachen von dem gemeinsamen Ausgangspunkt aus bis auf unsere Tage herab zu verfolgen habe.

Ferner ist die Vorstellung nicht selten, der Philologe könne und müsse dadurch zwischen sich und dem Indogermanisten eine Scheidewand aufrichten, dass er, der Philologe, die Sprachentwicklung nur von dem Punkt an betrachte, wo die Überlieferung beginnt, also z. B. auf griechischem Boden von Homer, auf germanischem von Vulfila an; nur das diesseits dieses Ausgangspunktes Liegende gehe den Philologen als solchen an. Eine nach diesem Princip innerhalb der Periode der Denkmäler sich haltende Darstellung des Entwicklungsganges einer Sprache bezeichnet man mitunter mit dem (gewöhnlich in anderm Sinne gebrauchten) Ausdruck 'historische Grammatik'; historisch' ist hier also im Gegensatz zu 'vorhistorisch' gemeint.

Ich vermute, dass bei denen, die an dieser Stelle die Grenze glauben ziehen zu sollen, die Erwägung mitwirkt, dass die einzelne philologische Wissenschaft die Culturgeschichte des Volkes, das Gegenstand ihrer

Forschung ist, nicht immer in ihrem gesammten Verlaufe betrachte. Die classischen Philologen befassen sich ebenso wenig einerseits mit dem modernen Griechentum als auf der andern Seite mit den romanischen Entwicklungen. Wenn so zwischen altgriechischer und neugriechischer und zwischen lateinischer und romanischer Sprache Grenzpfähle gesteckt werden, so mag es manchem gerechtfertigt erscheinen, für die classische Philologie solche auch in der Richtung nach der indogermanischen Urgemeinschaft hin aufzurichten.

Man muss sich nun dieser Auffassung gegenüber zunächst vergegenwärtigen, dass die gesammte Geschichte einer indogermanischen Sprache von der indogermanischen Urzeit bis auf unsere Zeit eine untrennbare, nirgends zu zerschneidende Einheit ist. Ein geschichtliches Verständniss z. B. der neugriechischen Sprache ist ohne Berücksichtigung des Altgriechischen schlechterdings unmöglich. Und ebenso muss derjenige, welcher die Geschichte der griechischen Sprache von Homer an verstehen lernen will, die vorhistorische Entwicklung, so weit wir diese rückwärts zu verfolgen im Stande sind, berücksichtigen.

Nun gibt man vielleicht zwar zu, dass der Neogräcist, der Paläogräcist und der Indogermanist an derselben Aufgabe arbeiteten, nämlich an der Erforschung der Geschichte der griechischen Sprache, meint aber, es sei wenigstens eine angemessene Art der Arbeitseintheilung, dass man den Comparativen die vorhistorische Strecke überlasse und, was man selbst von dieser zu wissen nötig habe, sich von ihm übermitteln lasse, ähnlich wie die Neogräcisten und die Romanisten sich bei den classischen Philologen Rats erholen. Diess kann

nicht zugestanden werden. Ich will davon nicht sprechen,
dass es sich überhaupt mit dem Wesen der Wissenschaft
schlecht verträgt, dass man Arbeit bei Andern bestelle,
ohne sie selbst auf ihren Wert und ihre Zuverlässigkeit
prüfen zu können.[1] Ein Andres liegt näher. Griechische Sprache war als solche schon Jahrhunderte vor
Homer vorhanden und das Verhältnis der verschiedenen
Mundarten zu einander lässt sich nur in der Weise
wissenschaftlich begreifen, dass man den gemeinsamen
Ausgangspunkt der Entwicklung aufsucht, der jenseits
der Überlieferung liegt. Dieser Ausgangspunkt ist
nun zwar oft schon durch Vergleichung der Dialekte
allein zu gewinnen, oft aber auch nicht, und jedenfalls
hat man auch in jenem Fall, um zu zuverlässigen
Resultaten zu kommen, jedesmal die andern indogermanischen Sprachen zu befragen. Der Gräcist als
Sprachhistoriker kann überall da, wo die älteren
Stadien der einzelnen Mundarten in Betracht kommen,
häufig genug aber auch, wo es sich um spätere Zeiten
der Sprachentwicklung handelt, der weiteren Sprachvergleichung nicht entraten. Diese ist für ihn und
ebenso für den Latinisten, den Slavisten u. s. w. ein viel
zu notwendiges Requisit, als dass mit Consultationen
des Indogermanisten auszukommen wäre.

Wir kommen also zu dem Ergebnis, dass Philologie und vergleichende Sprachwissenschaft begrifflich
auseinander zu bringen, von welcher Seite her man es
auch versuchen mag, unmöglich ist. Gerade die Betrachtung dieser Trennungsversuche hat, wie ich hoffe,

---

[1] Vgl. G. Curtius, Philologie und Sprachwissenschaft, 1862,
S. 17.

klar erkennen lassen, dass keine andre Fassung des
Begriffes der sogenannten vergleichenden Sprachwissenschaft möglich ist als die von uns geforderte. Diese
Wissenschaft bildet eine Einheit, die durch das, was
die besondere Aufgabe des Theilarbeiters, des Sans-
kritisten, des Gräcisten u. s. w., ausmacht, nirgends und
auf keine Weise durchbrochen wird.

Wir haben bisher hauptsächlich nur B e g r i f f e
zu bestimmen gesucht. Eine weitere Frage ist nun:
was hat man gegenüber dem von uns gewonnenen
Resultat von d e r w i s s e n s c h a f t l i c h e n P r a x i s zu
fordern?

Hier drängt sich zunächst der Gedanke auf, dass
die volle Beherrschung aller aus der indogermanischen
Ursprache hervorgegangenen Entwicklungen, wie sie uns
im Spiegel einer theilweise dreitausendjährigen Überlieferung entgegentreten, und eine vollständige Kenntnis
aller auf diesem Forschungsgebiete bis jetzt gewonnenen
Resultate von Seiten eines Einzelnen nur ein Idealbild
ist. Eine Vertheilung der Gesammtarbeit und eine Be-
schränkung in dieser oder jener Richtung ist unbedingt
erforderlich. Und der Gang, den die Geschichte der Philologie genommen hat, hat im grossen Ganzen diejenige
Vertheilung bereits gebracht, welche als die natürliche
bezeichnet werden muss.

Auf jedem Punkt der Sprachentwicklung haben
wir, um zu wissenschaftlicher Erkenntniss der auf ihm
gegebenen Spracherscheinungen zu gelangen, die Frage
aufzuwerfen: welche Entwicklung hatte die Sprache bis
dahin durchlaufen? Die meisten Sprachen können wir

durch viele Jahrhunderte hindurch an der Hand von
Denkmälern verfolgen, und für die Arbeitstheilung ist
nun der wichtigste Gesichtspunkt der, wie weit die zur
Untersuchung gestellte Sprachphase in der Richtung
nach der Gegenwart hin von dem Zeitpunkt entfernt
liegt, auf dem die Überlieferung der betreffenden
Sprache beginnt. Eine Sprache, deren Gang uns die
Denkmäler auf lange Zeit hin vor Augen führen, erklärt sich, je mehr wir uns der Gegenwart nähern, um
so leichter allein aus sich selbst, aus ihrer in der Überlieferung überschaubaren Vergangenheit, und je mehr
wir uns umgekehrt dem Anfangspunkt der historischen
Periode nähern, um so mehr bedarf es der Aufklärung
durch die verwandten Sprachen.

Hiernach kann die Specialforschung auf den modernen Entwicklungsstrecken, wie der neugriechischen,
der romanischen und der neuindischen, am ehesten dem
Philologen allein überlassen bleiben. Der Indogermanist
im engeren Sinne kann am leichtesten von diesen Perioden
absehen, wie umgekehrt Philologen wie die Romanisten
und Neogräcisten am wenigsten des Rüstzeugs eines
über die ganze indogermanische Sprachenwelt sich er-
streckenden Wissens bedürftig sind.

Am schlimmsten, wenn ich mich so ausdrücken
darf, haben es diejenigen Specialphilologen, deren Ar-
beitsstrecke da beginnt, wo die betreffende Sprache ans
Licht der Geschichte tritt, aber nicht bis zur Gegenwart reicht, also solche wie die Paläogräcisten und Latinisten. Sie müssten, um den Aufgaben, die durch den
Begriff der historischen Sprachwissenschaft gestellt sind,
in einer den Anforderungen unsrer Zeit entsprechenden
Weise genügen zu können, jedesmal auch die andern

indogermanischen Sprachen zum Gegenstand des Studiums machen. Und nicht nur diess. Auch die an die zu bearbeitende Strecke in der Richtung nach der Gegenwart hin sich anschliessende Fortzetzung kann nicht ausser Betracht bleiben. Denn die Überlieferung ist für keine ältere Zeit eine so vollständige, dass nicht vielfach das in späterer Zeit zum Vorschein Kommende zur Ergänzung unsrer Kenntnis der früheren Zeiten herangezogen werden müsste. Bekannt ist z. B., wie die altrömische Volkssprache zu einem nicht geringen Theile nur mit Hülfe der romanischen Entwicklungen reproduciert werden kann, und wie viel sich für die Feststellung des Wortschatzes des Altgriechischen, z. B. für die Feststellung der Pflanzen- und Thiernamen, aus den neugriechischen Mundarten lernen lässt.

Diese Aufgaben zu bewältigen ist der Specialphiloge, der die gesammte Culturentwicklung umspannen soll, in der Regel nicht im Stande, und hier zeigt sich, wie angemessen und nützlich es ist, dass eine Gruppe von Philologen sich ausschliesslich dem Studium der indogermanischen Sprachen widmet. Diese Philologen, die Sprachforscher κατ' ἐξοχήν, halten die einzelnen Theile der indogermanischen Sprachwissenschaft zusammen und haben überall da einzutreten, wo es dem Specialphilologen unmöglich wird, selbst Controle zu üben. Einmütiges Zusammengehen der beiden Parteien ist hier, wenn irgendwo, unabweisbare Notwendigkeit.

Diess mag für die Arbeitsvertheilung der oberste und wichtigste Gesichtspunkt sein. Weiter noch, mehr ins Einzelne hinein, die Frage zu verfolgen, wie die Be-

schränkung am zweckmässigsten geschehe, ist misslich.
Denn dem Einzelnen muss seine Freiheit gewahrt bleiben. Es kommt in erster Linie auf Neigung und Be-
gabung an, die verschieden sind, und schliesslich kann
man doch nur sagen: vollende jeder nach seinen besten
Kräften, wozu er sich berufen fühlt.

Mag aber der Einzelne sich seine Grenzen enger
oder weiter ziehen, in jedem Falle muss verlangt werden,
dass man sich stets des Zusammenhangs der Theile und
der Einheitlichkeit der gesammten indogermanischen
Sprachwissenschaft bewusst bleibe. Und diese Einheitlichkeit liegt nicht nur in dem Untersuchungsobject, sondern auch in der Forschungsmethode. Das letztere
wird heute noch oft verkannt, und in diesem Verkennen
liegt mit der Grund, warum die Kluft zwischen den Linguisten und den Philologen, namentlich den classischen Philologen, obschon bereits Jahrzehnte an ihrer Ausfüllung
gearbeitet haben, sich immer noch nicht ganz schliessen
will. Ich meine, alle, welche in dem Gebiete der indogermanischen Sprachwissenschaft arbeiten, sei es wo es
sei und mögen sie sich Sprachforscher oder Philologen
nennen, müssen zusammenwirken, dass hinsichtlich der
methodischen Grundfragen der Sprachwissenschaft eine
Einigung erzielt werde. Auf diesen Punkt lassen Sie
uns noch etwas näher eingehen.

Wie ich schon angedeutet habe [S. 12], steht über
aller culturhistorischer Détailforschung die Wissenschaft,
welche das Wesen der Cultur-schaffenden Factoren
überhaupt und die allgemeinen Bedingungen ihrer Wirksamkeit zu untersuchen hat. Diese Untersuchung kann
auf jedem Punkte der gesammten menschlichen Culturgeschichte angestellt werden, und alle Specialphilologien

haben an dieser Principienwissenschaft mitzuarbeiten und finden in derselben ihre höhere Einheit und, wenn man will, ihren höheren Daseinszweck. Die Principienlehre ist aber zugleich die unentbehrliche Führerin für alle Einzelforschung. Denn nur derjenige kann die Thatsachen der Geschichte richtig beurtheilen, der das Wesen der Kräfte kennt, durch welche sie geschaffen werden.

Hiermit will ich nicht sagen, dass diese Kenntnis einzig und allein zu wissenschaftlichen Entdeckungen im Bereiche der Culturgeschichte führen könne. Es gibt überall keinen methodischen Schematismus, nach dem alle menschlich erreichbare Wahrheit eruiert werden könnte. Wie jede Aufgabe an sich eigner Art ist, so tritt auch jeder mit individuellen Anlagen und in eigentümlicher geistiger Richtung an sie heran, und das Beste muss doch immer der glückliche Instinct, die Gottesgabe Genie thun. Aber dem Instinct kann nicht alles überlassen bleiben. An dem Wege, den der Forscher betritt, um Wahrheit zu finden, stehen mancherlei Truggestalten, die irre führen. Der rein naturalistisch Denkende kommt da selten ans richtige Ziel, wenn die Aufgabe eine einigermassen complicierte ist. Man muss durch Lehre und Übung befähigt werden, von vorn herein jene Trugbilder als solche zu erkennen und so sich ihren Lockungen zu entziehen. Hierzu verhilft die Methodenlehre, die unmittelbar auf der Principienwissenschaft beruht und deren oberster Grundsatz der ist, dass sie alles fern halte, was mit dem Wesen des Erkenntnisobjectes im Widerspruch steht und sich aus den Grundwahrheiten nicht herleiten lässt.

Was nun im Besonderen die Sprachwissenschaft

betrifft, so haben sich die Specialforscher, sowol die
Indogermanisten als auch die Philologen, bis vor Kurzem
mit den Grundfragen wenig zu thun gemacht.

Die Sprachforschung machte im Anfang unsres
Jahrhunderts insofern einen gewaltigen Fortschritt
über die frühere Zeit hinaus, als sie als das Grundwesen der Sprache ihre geschichtliche Entwicklung erkannte und die historische Methode einführte,
und wir alle erkennen freudig und voll an, was Bopp's
und seiner unmittelbaren Nachfolger Scharfsinn und
Fleiss mit Hülfe dieser Methode für die Aufhellung
der Geschichte der indogermanischen Sprachen geleistet
haben. Daneben wurde innerhalb der Zeit von Bopp
bis in die siebziger Jahre von den Indogermanisten auch
in einigen allgemeinsprachwissenschaftlichen Fragen, die
nicht von so fundamentaler Wichtigkeit sind als die
genannte, allmälig eine richtigere Einsicht gewonnen.
Hierhin gehören namentlich die zunehmende Ver-
wertung der Resultate der Lautphysiologie, welche eine
richtigere Beurtheilung der physischen Seite des Sprech-
processes bekundet, und der Umstand, dass hinsichtlich
der lautlichen Fortentwicklung allmälig eine strengere
Beobachtung der sogenannten Lautgesetze Platz griff;
in beiden Beziehungen haben sich Curtius und Schleicher
die grössten Verdienste erworben. Aber dabei lässt
das Verfahren dieser älteren Sprachforscher doch vielfach ein gründlicheres Nachdenken über die realen
Factoren und die allgemeinen Bedingungen der Sprachentwicklung vermissen. Sie gingen in vielen Beziehungen
von Anschauungen aus, die mit dem Grundwesen der
Sprachgeschichte nicht vereinbar sind. Einige von diesen
irrigen Ansichten wurden von einem Theil der Nachfolger

Bopp's sogar förmlich systematisiert. Dahin gehören
z. B. die Meinung, die Sprachwissenschaft sei zu den
Naturwissenschaften zu rechnen, und die Vorstellung,
die Sprachen organisierten und vervollkommneten sich
in vorhistorischer Zeit, um in historischer Zeit zu ent-
arten und zu verfallen; der Hauptvertreter dieser beiden
Anschauungen war Schleicher. [1]

Glücklicherweise sind in der Wissenschaft manche
irrige fundamentale Vorstellungen für die Gewinnung
von richtigen Resultaten im Einzelnen überhaupt kein
oder nur selten ein Hindernis. Von dieser Art ist
z. B. die Auffassung der Sprache als eines Naturkörpers.
Aber andre falsche allgemeine Anschauungen wirken
auf die Détailforschung um so verhängnisvoller ein,
da sie für die Beurtheilung zahlreicher Einzelfälle die
unmittelbare Directive abgeben. Von solcher Art ist

---

[1] In seinem Buche 'Leben und Wachstum der Sprache' (über-
setzt von A. Leskien, 1876) S. 337 sagt Whitney: „Die Sprachwissenschaft verläuft nach der Seite der vergleichenden Grammatik in die Untersuchung einer unendlichen Menge von Einzelheiten, wie die Chemie oder Zoologie, und jemand kann in ihr
mit der Behandlung einzelner Vorgänge ausserordentlich ver-
traut sein, während er in Bezug auf die Gesammtanschauung in
völligem Irrthum dahingeht, gerade wie jemand ein geschickter
praktischer Chemiker sein und dabei wenig oder nichts von der
philosophischen Seite der Chemie wissen kann, oder ausgezeichnet
in der vergleichenden Anatomie der Thiere ohne gründliche
Kenntniss oder richtige Ansicht von den Grundlehren der Bio-
logie. Zum Belege, dass es sich so verhält, liessen sich leicht
aus der jetzigen Generation merkwürdige Beispiele von Männern
anführen, die als vergleichende Grammatiker hohes Ansehen ge-
niessen und sobald sie versuchen, die allgemeinern Wahrheiten
der Sprachwissenschaft zu behandeln, in Widersprüche und Un-
gereimtheiten verfallen, oder bei weniger eingreifenden Dingen
den Mangel einer gesunden und haltbaren theoretischen Grundlage verrathen."

z. B. die Auffassung, die man früher von dem Wirken
der Analogie im Sprachleben hatte,[1] und in derartigen
irrigen principiellen Ansichten ist es in erster Linie begründet, dass uns heute so viele Einzelresultate der
älteren Sprachforschung als verfehlt erscheinen.

Erst vor wenigen Jahren wurde im Kreise der
Specialforscher klar erkannt, dass man, um die sichere
Grundlage für alle Einzelforschung zu gewinnen, in
eine systematische Untersuchung der allgemeinen
Lebensbedingungen der Sprache eintreten müsse. Die
Anregung zu dieser Bewegung in der indogermanischen
Sprachforschung kam von verschiedenen Seiten.

Zunächst muss bemerkt werden, dass die Funda-
mente zu dem, was wir heute sprachgeschichtliche
Principienwissenschaft nennen, zum Theil längst gelegt
sind. Dieser Wissenschaft haben Wilhelm von Humboldt und namentlich Steinthal vorgearbeitet. Der letztere
Gelehrte legte den Philologen oft ans Herz, dass das
Studium der Gesetze, von denen die seelischen Ereig-
nisse gelenkt werden, das Studium der Psychologie,
für alle Geschichtswissenschaft, in Sonderheit aber für
die Sprachwissenschaft, die es mit dem unmittelbarsten
und zartesten Erzeugnis des Geistes zu thun habe,
unerlässlich sei. Er stellte dann auch selbst, um über
das Wesen der Sprache ins klare zu kommen, Untersuchungen über die psychischen und physischen Vorgänge beim Sprechprocess an und entwickelte dabei
Ansichten, die, wären sie damals von den Sprach-
historikern gehörig gewürdigt worden, sofort in mehr-
facher Beziehung zu einer Änderung der Forschungs-

---

[1] Vgl. den II. Abschnitt der unten folgenden 'Erwiederung'.

methode hätten führen müssen. So wies er z. B. darauf
hin, dass die physischen und psychischen Kräfte, welche
beim Sprachwandel wirksam sind, zu allen Zeiten die
nämlichen gewesen sein müssen.

Wenn die Indogermanisten für Steinthals Forschungen damals kein rechtes Verständnis hatten — am
wenigsten wurde Steinthal von Schleicher verstanden —,
so darf man sie freilich nicht allein hierfür verantwortlich machen. Der Sprachphilosoph trug seine Sätze in
sehr abstracter Form vor, er setzte seine theoretischen
Erörterungen zu wenig mit der Détailforschung in Verbindung, und — was am meisten zu betonen ist — er
berücksichtigte zu wenig die Entwicklungsgeschichte
der Sprache, auf deren Klarlegung die Indogermanisten
ja vor allem ausgingen. Neben Steinthal und im Einklang mit ihm hatte auch Whitney als Sprachtheore-
tiker in den sechziger Jahren darauf hingewiesen, dass
bei noch so grossem Wechsel der äusseren Verhältnisse die Veränderungen der Sprache allenthalben auf
den gleichen Gesetzen und der gleichen Art der Wirksamkeit beruhen, und dass man, da die Sprache kein
selbständiger Organismus wie die andern Naturorganis-
men, sondern nur Product der Seele und der Sprach-
organe des Menschen sei, sich vor Täuschung durch
die Abstractionen zu hüten habe, zu denen die schrift-
lich fixierte Sprache ununterbrochen verführt und die
so oft das wirkliche Verhalten der Dinge verschleiern.

Andre Anregungen kamen von Seiten der Specialforschung selbst. Scherer zog in seinem Buche 'Zur
Geschichte der deutschen Sprache' (1868) die sogenannte
falsche Analogie zur Erklärung der Formen der älteren
Sprachperioden in weit ausgedehnterem Masse heran

als man bis dahin gethan hatte.[1] Er lenkte damit die
Aufmerksamkeit der Indogermanisten nachhaltig auf die
Frage, wie man sich die psychischen Factoren im
Sprachwandel überhaupt wirksam zu denken habe. Besonders diejenigen, welche sich mit den älteren indogermanischen Sprachentwicklungen, mit Altindisch, Alt-
griechisch u. s. w. beschäftigten, sahen sich genötigt
zu dieser Frage in der Praxis Stellung zu nehmen.
Noch weit wirksamer war, dass Leskien bald darauf
den Satz aufstellte, die sogenannten Lautgesetze seien
an sich stets ausnahmslos. Mit diesem Axiom war die
Frage gegeben, wie in der Erforschung der Sprachgeschichte das Gebiet des Lautwandels gegen das der
Analogiebildung abzugrenzen sei. Hieran knüpfte nun
die systematische Untersuchung der realen Factoren
der Sprachentwicklung, der Principien der Sprachgeschichte an.

Scherer's und Leskien's Sätze ergaben sich diesen
Gelehrten mit aus der Beobachtung, dass in den
jüngeren Sprachentwicklungen das Wirken der Analogie eine viel grössere Rolle spielt und die lautlichen
Veränderungen stets weit consequenter durchgeführt
erscheinen als man es von dem Studium der älteren,
todten Sprachen her, wie es von den Indogermanisten
bis dahin betrieben worden war, erwarten sollte. Man
musste sich jetzt dessen bewusst werden, dass die
älteren Indogermanisten sich ihre Vorstellung von der
Art und Weise, wie überhaupt Sprache lebt und sich
verändert, vornehmlich auf Grund des zwischen den

---

[1] Für jüngere Perioden hatte man auch schon vorher in
weitem Umfang das Erklärungsprincip der Analogie angewandt.

Formen der älteren Sprachentwicklungen und den vorhistorischen Grundformen angenommenen Verhältnisses
gebildet hatten, dass sie sich ihre methodischen Grundsätze zum Theil nach den rein hypothetischen Gebilden
der indogermanischen Grundsprache construiert hatten,
zu denen sie erst durch Anwendung eben dieser Grundsätze gekommen waren. Um den ursächlichen Zusammenhang der Spracherscheinungen überhaupt verstehen zu lernen, wäre es — so musste man sich sagen
— das Natürliche gewesen, bei den jüngeren und
jüngsten Phasen der indogermanischen Sprachentwicklung, wo die Quellen am reichsten und reinsten fliessen,
insbesondere bei der unmittelbaren Gegenwart der
eignen Muttersprache in die Lehre zu gehen; das hier
Erkannte war dann in die ferne Vergangenheit zu
projicieren. Vor Allem aber trat jetzt klar zu Tage,
wie die meisten und gerade die hervorragendsten Indogermanisten noch vielfach in dem Banne der von der
älteren Grammatik überkommenen Abstractionen und
Metaphern lebten, welche die wirklichen Vorgänge mit
einem trüben und phantastischen Scheine umgeben und
der Einsicht in das Wesen der Dinge im Wege stehen.[1]

---

[1] „Alle psychischen Processe vollziehen sich in den Einzel-
geistern und nirgends sonst. Weder Volksgeist noch Elemente
des Volksgeistes wie Kunst, Religion etc. haben eine concrete
Existenz und folglich kann auch nichts in ihnen und zwischen
ihnen vorgehen. Daher weg mit diesen Abstractionen. Denn
'weg mit allen Abstractionen' muss für uns das Losungswort
sein, wenn wir irgendwo die Factoren des wirklichen Geschehens
zu bestimmen versuchen wollen .... Mancher Forscher, der sich
auf der Höhe des neunzehnten Jahrhunderts fühlt, lächelt wol
vornehm über den Streit der mittelalterlichen Nominalisten und
Realisten und begreift nicht, wie man hat dazu kommen können,
die Abstractionen des menschlichen Verstandes für realiter

So kam es also jetzt, in der zweiten Hälfte der siebziger Jahre, zur Vermählung zweier Richtungen der Sprachwissenschaft, die von Natur dazu bestimmt waren, in den wichtigsten Punkten von einander zu lernen und in gemeinsamer Arbeit die höchste Aufgabe der Sprachwissenschaft zu lösen, die aber Jahrzehnte neben einander hergegangen waren, ohne dass etwas Nennenswertes zur Realisierung dieses Verhältnisses geschah. Die Specialforschung auf der einen Seite hatte zwar den Weg der entwicklungsgeschichtlichen Forschung betreten, aber sie stand in vielen Beziehungen ihrem Untersuchungsobject noch mit rein naturalistischer Denkart gegenüber, verallgemeinerte eine rohe Empirie[1] und kam nicht zur Klarheit darüber, dass man, um sicher zu gehen, erst das Wesen der sprachbewegenden Kräfte

---

existierende Dinge zu erklären. Aber die unbewussten Realisten sind bei uns noch lange nicht ausgestorben, nicht einmal unter den Naturforschern. Und vollends unter den Culturforschern treiben sie ihr Wesen recht munter fort, und darunter namentlich diejenige Classe, welche es allen übrigen zuvorzuthun wähnt, wenn sie nur in Darwinistischen Gleichnissen redet. Doch ganz abgesehen von diesem Unfug, die Zeiten der Scholastik, ja sogar die der Mythologie liegen noch lange nicht so weit hinter uns, als man wol meint, unser Sinn ist noch gar zu sehr in den Banden dieser beiden befangen, weil sie unsere Sprache beherrschen, die gar nicht von ihnen loskommen kann. Wer nicht die nötige Gedankenanstrengung anwendet um sich von der Herrschaft des Wortes zu befreien, wird sich niemals zu einer unbefangenen Anschauung der Dinge aufschwingen." Paul, Principien S. 13.

[1] Oder wie soll ich anders z. B. das bezeichnen, dass man bei der Reconstruction der indogermanischen Urformen den Grundsatz befolgte, die lautvolleren Formen für die ursprünglicheren zu halten und gewissermassen durch Addition der in den einzelnen Sprachen vorliegenden Gestaltungen die Grundform zu gewinnen?

studieren muss. Die Sprachphilosophie anderseits unter-
suchte zwar das Sprechen des einzelnen Menschen und
gab in dieser Hinsicht die wichtigsten Aufschlüsse,
aber sie kam noch nicht zu einer planmässigen Beobachtung der allgemeinen Bedingungen, unter denen die
Wechselwirkung zwischen den Individuen
statt findet. Gerade diese Seite bedurfte der ein-
gehendsten Betrachtung, indem nur hier das Verständnis für die geschichtliche Entwicklung der Sprache zu
gewinnen ist. Zu diesem Zwecke aber musste die allgemeine Forschung zu der geschichtlichen Détailforschung
in lebendige Wechselbeziehung gesetzt werden. Erst so
wurde eine wirkliche Principienlehre der historischen
Sprachwissenschaft möglich.

Methodologie und Principienwissenschaft sind in
den letzten Jahren in der indogermanischen Sprachforschung viel zur Sprache gekommen. Während eine
Anzahl von Gelehrten, deren Kreis sich stetig erweitert,
damit beschäftigt ist, durch praktische Anwendung der
in der genaueren Berücksichtigung der Sprachkräfte sich
mehr und mehr befestigenden methodischen Grundsätze
auf die indogermanische Sprachentwicklung, namentlich
auf die älteren Zeiten derselben, den Inductionsbeweis
zu vervollständigen, hat auch das Jahr 1880 aus demselben Kreis schon eine umfassendere, tief in den Kern
der Sache eindringende und wol gerade darum von
vielen noch nicht gewürdigte theoretische Darstellung
der „Principien der Sprachgeschichte" gebracht.[1] Diese

---

[1] Die Richtigkeit des im Literarischen Centralblatt 1881,
Sp. 637 f. über P a u l's Schrift gefällten Urteils bestätigt sich
mir trotz der Angriffe auf dieselbe immer mehr. Ich unter-
schreibe die Worte H. Schuchardt's, die mir soeben zu Gesicht

Bestrebungen werden in der Zukunft sicher manche
Correctur im Einzelnen erfahren, und man wird sehr
viel weiter kommen als bis wohin wir heute gelangt
sind. Aber so viel dürfen wir heute schon getrost behaupten: die Methodologie der historischen Sprachforschung ist jetzt auf denjenigen Untergrund gestellt,
auf dem sie immer stehen wird, so lange die Sprachforscher ihre Aufgabe in echt wissenschaftlichem Geiste
zu lösen bestrebt sein werden.

Der einsichtige amerikanische Sprachforscher Whitney, dessen ich bereits gedacht habe, hat vor zehn
Jahren uns Deutschen entgegengehalten [1], wir seien zwar
in der sprachwissenschaftlichen Détailforschung allen
andern Völkern weit voraus und hätten in allen darauf
bezüglichen Fragen unbestritten die Führerschaft, aber
Uneinigkeit in Betreff der Grundfragen und Unsicher-
heit der Gesammtanschauung herrsche unter uns nicht
minder als anderswo. Und da man in allem, was die
Sprachwissenschaft und Philologie angehe, die Führung
von Deutschland zu erwarten gewohnt sei, so müsse es
bei uns in dieser Beziehung erst anders geworden sein,
ehe sich behaupten lasse, es gebe eine Gesammtsprach-
wissenschaft. Der in diesen Worten liegenden Auf-
forderung, eine Einigung in den Principienfragen herbei-
zuführen, damit ein organischer Zusammenschluss aller

---

kommen (Slawo-deutsches und slawo-italienisches, Graz 1885,
S. 6): „Indem ich der 'Principien der Sprachgeschichte' gedenke,
vermag ich nicht mein Bedauern darüber zu unterdrücken, dass
sie bei vielen unserer Sprachforscher eine sehr kühle Aufnahme,
bei einzelnen sogar eine schroffe Ablehnung erfahren haben;
doch erkläre ich mir das mit dem anzüglichen Motto des Vor-
arbeiters Steinthal: 'Denken ist schwer'.“

[1] Leben und Wachsthum der Sprache S. 340,

Specialarbeiten, mögen sie sich als linguistische oder
als philologische bezeichnen, ermöglicht werde, ist heute
schon zu einem nicht geringen Theil entsprochen. Weit-
aus die Mehrzahl der jüngeren Indogermanisten und
eine grössere Zahl von Germanisten und Romanisten
sind in einigen der wesentlichsten Grundfragen, welche
die Sprachwissenschaft seit einer Reihe von Jahren beschäftigen, einig geworden, wobei freilich nicht ver-
schwiegen werden darf, dass diese Einigkeit zum Theil
mehr in den Thaten selbst als in dem persönlichen
Verhalten der Forscher zu einander zu suchen ist. Es
fehlt aber doch noch viel zum Ganzen. Vor Allem,
meine ich, müssten die Philologen, und unter diesen
besonders die classischen, diesen Fragen mehr Aufmerksamkeit zuwenden als bisher geschehen ist. Denn ihnen
liegen dieselben überall, wo es sich um Sprache handelt,
ja ebenso nahe als den Sprachforschern κατ' ἐξοχήν, und
sie sind ebenso wie diese berufen, zu ihrer allseitigen
und endgültigen Lösung beizutragen.

Man pflegte den angehenden Jüngern der classischen
und der germanischen Philologie früherhin den Rat zu
ertheilen, ihre Sprachstudien mit dem Erlernen des
Sanskrit zu beginnen. Ich unterschätze die Wichtigkeit des Sanskritstudiums keineswegs und möchte nicht,
das dasselbe aus dem Studienplane dieser Philologen
gestrichen werde. Aber wichtiger für die sprachwissen-
schaftliche Ausbildung erscheint mir, dass der Philologe,
und zwar der Philologe jedweder Gattung, zunächst
eine Vorlesung zu hören bekomme, in der er über das
Wesen der Sprache und ihrer Entwicklung orientiert
wird, damit er befähigt werde in allem, was die Sprache
betrifft, wirklich wissenschaftlich zu denken und die

Dinge so zu schauen wie sie sind. Je weiter er dieses
Studium hinausschiebt, um so schwerer wird es ihm,
sich den durch die Macht der Gewohnheit gross ge-
zogenen Fundamentalirrtümern [1] zu entwinden. Von
dieser Seite her in die wissenschaftliche Beschäftigung
mit der Sprache einzutreten, möchte sich auch darum
empfehlen, weil dabei überall an Bekanntes und an
das, was den verschiedenen Specialphilologen jedesmal
am nächsten liegt, angeknüpft werden kann. Eine
solche Vorlesung brauchte übrigens nicht ausschliesslich
den 'Linguisten' überlassen zu werden. Jeder Docent
der Philologie, der zu sprachlichen Forschungen besonderen Beruf fühlt, könnte sie halten.

— — — — —

[1] Vgl. hierzu S. 36 Anm. 1.

II.

ERWIEDERUNG

AUF

GEORG CURTIUS' SCHRIFT

'ZUR KRITIK DER NEUESTEN SPRACH-FORSCHUNG.'

Man muss sein Glaubensbekenntnis von
Zeit zu Zeit wiederholen, aussprechen
was man billigt, was man verdammt;
der Gegentheil lässt's ja auch nicht
daran fehlen.   *Goethe.*

Das Programm der jüngst erschienenen Schrift des berühmten Gräcisten lautet ungefähr folgendermassen.

Bis vor etwa zehn Jahren herrschte in der indogermanischen Sprachwissenschaft schöne, wolthuende Einigkeit, kein principieller Gegensatz trat hervor. Da geschah ein förmlicher Bruch mit der Vergangenheit. Einige Gelehrte suchten Auffassungen zur Geltung zu bringen, die den bis dahin geltenden geradezu entgegengesetzt waren, namentlich hinsichtlich der Lautgesetze, der Analogiewirkung, des indogermanischen Vocalismus und der Entstehung der urindogermanischen Sprachformen. Die neuen Ansichten fanden weite Verbreitung und lebhafte Zustimmung, und manche bezeichnen sie schon als die herrschenden und ihnen gegenüber die früher unbestritten geltenden als veraltet. Aber ein ernster Mann der Wissenschaft gibt sich nicht dem Wahne hin, dass das neueste auch immer das beste, das wahrscheinlichste sei, sondern er fragt, wo die Wahrheit liegt. Da zeigt sich denn, dass man sich mit dem, was doch eigentlich das erste sein müsste, mit der Prüfung der Gründe, welche für die eine oder die andre Auffassung sprechen, wenig zu thun gemacht hat. Man hat sich meist damit begnügt, von einigen wenigen, nach Art von Grund-

sätzen hingestellten Behauptungen aus (S. 93 wird dafür
gesagt: „a priori construirte Principien"), über die eine
kleine Anzahl von Forschern unter sich einig zu sein
glaubte, die neuen Wege zu versuchen.

So ist die Sprachwissenschaft in den wichtigsten
Fragen auf Abwege gekommen, und es soll versucht
werden, diess nachzuweisen, indem auf jene vier Punkte
der Reihe nach näher eingegangen wird.

Bei der Abfassung der Schrift leitete den Herrn
Verfasser (nach S. 154 f.) ein doppelter Wunsch, einerseits der, zu zeigen, dass er die in Rede stehenden
Neuerungen nicht etwa aus Laune oder trägem Beharren
ablehne, sondern aus Gründen, anderseits aber der, zur
Gewinnung einer gewissen Übereinstimmung in den
Kernfragen, deren eine so schwierige Wissenschaft wie
die unsrige bedürfe, und zur Klärung der Meinungen
und Ausgleichung der Gegensätze beizutragen.

Ich habe meiner Antikrisis der vorliegenden 'Kritik'
zunächst die Bemerkung vorauszusenden, dass ich ebenfalls zur Klärung der Ansichten und zur Förderung der
Einigkeit in den Kernfragen beitragen möchte. Denn
ich bin durch des Herrn Verfassers Ausführungen nicht
davon überzeugt worden, dass wir, gegen die er sich
wendet, in falsche Bahnen eingelenkt sind, sondern habe
aus ihnen nur das zu ersehen vermocht, dass Curtius
den Kernpunkt der Meinungsverschiedenheiten nicht
richtig erfasst und sich noch nicht hinlänglich klar gemacht hat, welche Fragen nach der Ansicht derjenigen,
die er bekämpft, die eigentlichen „Kernfragen" unsrer
Wissenschaft sind. Gelingt es mir, diess zur Anschauung

zu bringen, so fällt die weitere Verständigung, so hoffe
ich, nicht schwer, und Curtius und mit ihm einige
Andere werden dann wol einsehen lernen, dass, was
ihnen jetzt als eine Krankheit der Sprachforschung erscheint, in Wahrheit ein recht gesunder Fortschritt ist.

Dass ich zum Theil auf bereits Gesagtes hinzuweisen und dabei auch auf solche Dinge wieder einzugehen habe, von denen man meinen sollte, sie brauchten
nur éinmal ausgesprochen zu werden, um für immer
respectiert zu werden, bedaure ich. Aber was bleibt
andres übrig als das ungebührlich Übersehene immer
wieder hervorzuholen und vor Augen zu stellen, wenn
es selbst Gelehrte von Curtius' Namen und Ansehen
unbeachtet lassen?

Ich folge in der Besprechung der vier Punkte dem
Gange, den Curtius' Darstellung nimmt.

I.

Nur das Gesetzmässige und inner-
lich Zusammenhängende lässt sich wissenschaftlich erforschen.
Curtius, Grundz. d. Etym. 5 S. 80.

Es ist eines von den unbestrittenen Verdiensten,
die sich Curtius um die indogermanische Sprachwissenschaft erwarb, dass er eine strengere Ordnung und
Regel in der Lautwelt nachwies als es vielen seiner
Vorgänger, z. B. Bopp und Benfey, gelungen war. Es
kam aber Curtius nicht in den Sinn, den Lautwandel
als etwas der Natur der Sache nach und an und für sich
consequentes zu betrachten. Denn er hielt einerseits

für möglich, dass eine phonetische Änderung nur einen
Theil der Wortformen, in denen der Laut unter denselben Bedingungen vorliegt, ergreife und den andern
unberührt lasse, wobei die von der Veränderungsneigung
erfassten Formen entweder die Minorität oder die Majo-
rität aller in Betracht kommenden Fälle bilden können;
anderseits erschien ihm möglich, dass eine einheitliche
Sprachgenossenschaft denselben Laut in gleichartigen
Formen und sogar in demselben Worte in verschiedenen
Richtungen abändere. Nur gelegentlich und verhältnismässig selten wurde die Inconsequenz der lautlichen
Behandlung von ihm als eine nur scheinbare hingestellt,
indem ausserhalb der Lautbewegung stehende Factoren
zur Erklärung der Unregelmässigkeit herangezogen
wurden. So sollen sich Laute, wo sie von den Sprechenden
als bedeutungstragend, als besonders sinnvoll empfunden
worden seien, einer Veränderung entzogen haben; z. B.
das οι von λέγοιεν sei gegenüber dem von ἵππoιo, woraus
ἵπποο ἵππου, unverändert festgehalten worden, weil „das
Moduszeichen grösserer Schonung bedurfte als das ι des
Genitivs" (Über die Tragweite der Lautgesetze S. 25).
In andern Fällen soll die Rücksicht auf andre Wörter, die
Analogie den Laut vor einer Affection bewahrt haben;
so hätten z. B. zur Reinerhaltung des intervocalischen
σ von ἔστησα u. dgl. (vgl. γένεος aus *γενεσος) die Formen wie ἔγραψα, ἔδειξα beigetragen (Verb. II² 302).
Gegenüber diesem Standpunkte, der früher in der
indogermanischen Sprachforschung allgemein galt, stellte
Leskien den Satz auf, aller Lautwandel vollziehe sich
in derselben Sprachgenossenschaft und zu derselben
Zeit immer mit ausnahmsloser Consequenz, d. h. alle
Wörter, in denen der Laut unter den gleichen Be-

dingungen stehe, würden von der Veränderung betroffen.
Er betonte, dass, wer beliebige zufällige, unter einander
in keinen Zusammenhang zu bringende Abweichungen
zulasse, im Grunde damit bekenne, das Object der
Untersuchung, die Sprache, sei der wissenschaftlichen
Erkenntnis nicht zugänglich. An die Praxis stellte diese
Auffassung des Lautwandels die Forderung, überall nach einer Erklärung der Unregelmässigkeiten zu
streben.

Die Richtigkeit der Leskien'schen These musste
vor Allem durch eine nähere Betrachtung der Natur
des Lautwandels, durch ein Eingehen auf die physischen
und psychischen Processe, die beim Producieren der
Lautcomplexe stattfinden, und auf die Art und Weise,
wie die Individuen einer Sprachgemeinschaft in Bezug
auf die Lautproduction auf einander einwirken, erhärtet
werden. Nach allem, was hierüber verhandelt worden
ist, stand unter denen, die sich Leskien anschlossen,
bis zum Erscheinen des Curtius'schen Buches etwa
Folgendes fest.

Da sich alle Sprachentwicklung nur auf psychischem
Gebiete vollzieht, so ist auch der Lautwandel ein
psychischer Process. Und er ist zugleich ein physio-
logischer Vorgang, insofern die Thätigkeit der Sprech-
organe mit in Betracht kommt. Die Bewegungen, durch
welche die Laute erzeugt werden, sind weder bei den
verschiedenen Individuen derselben Verkehrsgenossenschaft noch auch bei demselben Individuum immer genau
dieselben. Diese Schwankungen sind aber so geringfügige, dass sie von den Sprechenden und Hörenden
als Verschiedenheiten nicht empfunden werden. Wenn
nun der Einzelne für sich allein mit einer Tendenz zur

Abweichung den Verkehrsgenossen gegenübersteht, so
kann er dieser Tendenz nicht in höherem Masse nach-
geben, weil er sein verschobenes Bewegungsgefühl nach
dem von seinen Verkehrsgenossen ihm zu Gehör ge-
brachten Lautbild unwillkürlich corrigiert; jeder steht
unter dem Zwange der Gesellschaft, in der er lebt. Es
muss also die Neigung zur Abweichung bei einer
grösseren Anzahl von Individuen zugleich vorhanden
sein, damit sie durchdringen kann. Es entsteht ein
Kampf zwischen dem seitherigen Usus der Lautproduction und der Neuerung. In der Regel liegt zwischen
den Endgliedern der Bewegung, z. B. zwischen k und h
(erste germanische Lautverschiebung), eine continuier-
liche Reihe von minimalen Verschiebungen der Articu-
lation, die man etwa so bezeichnen kann: k k^1 k^2 k^3 k^4
..... h,[1] und es können nun die Einen in der Richtung zum Neuen schon mehrere Stufen zurückgelegt
haben, während die Andern noch das Alte bewahren,
und auch bei weiterem Fortschreiten der Lautbewegung
werden die Einen den Andern immer etwas voraus sein,
sogar bei demselben Individuum werden solche kleine

---

[1] Es gibt auch Lautveränderungen, die sich gewissermassen
sprungweise vollziehen, bei denen allmälig zum Schlussresultat
überleitende Mittelstufen nicht oder kaum denkbar sind. Dahin
gehören z. B. Metathesen wie serb. *tko* = *kto* *küto*, lesb. σκίφος
= ξίφος, syrak. ψέ = σφέ, ags. *fix* = *fisc*, *axe* = *asce*, *äpse* =
äspe, aind. 2. Sing. *tatráptha* = *tatárptha*, ags. *hyrstan* = *hrystan*,
ital. dial. *crompare* = *comprare*, *grolioso* = *glorioso*, lit. *bovìkas*
= *vobìkas*, Dissimilationen wie gr. δρύφακτος = *δρυ-φρακτος,
ἔκπαγλος = *ἐκ-πλαγ-λο-ς, Assimilationen wie lat. *quinque* = *pin-
que* u. s. w. Diese Erscheinungen, die eine besondere Besprechung
erheischen (wie ich auch Morpholog. Unters. I, p. XIV angedeutet habe), können hier bei Seite bleiben, da sich Curtius'
Polemik gegen die Ausnahmslosigkeit der Lautgesetze mit ihnen
nicht beschäftigt.

Differenzen bestehen. Je enger der Kreis der Sprachgenossenschaft gezogen ist, d. h. je geringer die Zahl
der Sprechenden ist und je näher sie zusammen wohnen,
desto geringer sind die Unterschiede in der zurückge-
legten Strecke. Grössere Differenzen können nur zwischen
entfernter von einander Wohnenden vorhanden sein,
aber Zwischenglieder führen allmälig von Einem zum
Andern hinüber. An der Bewegung sind, bei allen Verschiedenheiten im Einzelnen, sämmtliche Angehörige der
Sprachgenossenschaft betheiligt, und die Bewegungs-
richtung ist bei allen die gleiche. Als deutlich ausge-
prägter und somit auch zum Bewusstsein kommender
Gegensatz können Altes (k) und Neues (h) nur so neben
einander bestehen, dass sie durch verschiedene Sprachgenossenschaften vertreten werden, zwischen denen der
Verkehr viel weniger intensiv ist als innerhalb jeder
einzelnen. Bei dem Vollzug des Lautwandels ist nun
gar nicht denkbar, dass in verschiedenen Wörtern verschiedene Wege eingeschlagen werden. Die Aussprache
wird ja nicht für jedes einzelne Wort besonders ge-
lernt, sondern wo die gleichen lautlichen Bedingungen
gegeben sind, tritt mit Notwendigkeit auch das gleiche
Bewegungsgefühl und damit die gleiche Aussprache ein.
Das ist es, was man unter Ausnahmslosigkeit der Lautgesetze zu verstehen hat.

Gegen Curtius' Ansicht, dass in alten Sprachen in
gewissen Wörtern Laute unverschoben geblieben seien,
weil sie als besonders bedeutungsvoll empfunden wurden, hatte Delbrück (Einleitung in das Sprachstudium[2]
106) bemerkt, dass man nicht annehmen könne, die
Griechen oder Inder hätten noch ein Gefühl für die
Bedeutsamkeit des einzelnen Lautes im Wortkörper ge-

habt, welches uns abhanden gekommen wäre. Curtius
hält Seite 70 ff. seine Ansicht aufrecht. Er meint,
Delbrück habe Bewusstsein des Ursprungs und „Gefühl
für die Bedeutung der einzelnen Sprachform als eines
Ganzen" mit einander verwechselt. Ich kann nicht
finden, dass die Sache durch diese Formulierung besser
wird. Alle Lautverschiebungen gehen ja immer g a n z
u n b e w u s s t vor sich, und so kann, so lange nicht eine
Sprachform durch den Verschiebungsprocess mit einer
andern Form mit andrer Bedeutung äusserlich gleich
wird, das Gefühl für ihre Bedeutung keine Störung erfahren. Wir sehen in den verschiedensten Sprachen die
„sinnvollsten" Laute in Verlust kommen, z. B. avest.
1. Plur. *mahi* = aind. *s-mási*.

Ebenso ist auch die Annahme zurückzuweisen, dass
ein Lautgesetz zuweilen darum nicht consequent wirke,
weil der Laut durch die Rücksicht auf verwandte Formen festgehalten werde. Ein Festhalten des σ von
ἔστησα (neben ἔδειξα) oder des ι von κείαται (neben
κείμεθα, κεῖσθι) wäre nur denkbar unter der Voraus-
setzung, dass der Sprechende etwas von der drohenden
Veränderung wusste und sich im Voraus davor zu hüten
suchte. Davon kann in keinem Falle die Rede sein.
Ueberall wurde die Form erst von der Änderungs-
neigung ergriffen, wenn auch vielleicht nur in geringem
Grade, dann erst konnte die Wirkung des lautlichen
Factors durch den andern, die Analogie, wieder aufgehoben werden. Im Princip ist das att. ἔστησα gegenüber dem *ἔστασα, welches in urgriechischer Zeit vor
dem Beginn der Wirksamkeit des das intervocalische
σ betreffenden Lautgesetzes gesprochen wurde, und ist das
homer. κείαται gegenüber dem urgriechischen *κείαται,

dessen lautgesetzliche Fortsetzung in dem ebenfalls homer. *κέαται* vorliegt, ebenso gut eine analogische Neubildung als z. B. das spätgriechische *φέρεσαι* (statt *φέρεαι, φέρῃ*) gegenüber urgriech. **φερεσαι* oder der hochdeutsche Gen. *vaters* (statt des lautgesetzlichen *vater*) gegenüber got. *fadrs*. Vgl. Osthoff, Verbum in der Nominalcompos. S. 326, Morphol. Unters. II 39, Paul, Princip. 57.

Dass sich aus der Specialforschung ein voll-ständiger Inductionsbeweis für die Richtigkeit unsres Fundamentalsatzes nicht erbringen lasse, war von vorn herein klar, und keiner von uns hat sich meines Wissens je Illusionen in dieser Beziehung hingegeben. Was wir von dem, was das wahre Object der sprachgeschicht-lichen Untersuchung ausmacht, von der Gesammtmasse der im Kreis jedes Volkes vollzogenen Sprechprocesse wissen und je wissen werden, sind, auch in den günstig-sten Fällen, nur höchst dürftige Bruchstücke, und diese sind uns nur in roher und oft ganz unzuverlässiger Um-risszeichnung überliefert. Es ist bei dieser Sachlage gar nicht möglich, dass uns der ursächliche Zusammen-hang der unsrer Beobachtung zugänglichen Erscheinungen überall klar werde. War also von dieser Seite her ein durchschlagender Beweis nicht zu führen, so durfte doch immerhin zu Gunsten der Consequenz der Lautbewegung in dem angeführten Sinne der Umstand geltend gemacht werden, dass sich die Zahl der ungedeuteten Ausnahmen von Jahr zu Jahr verringert, dass für lautliche Unregel-mässigkeiten in immer zahlreicheren Fällen probable Erklärungen gefunden werden.

Bei dem Suchen nach einer Erklärung für die lautlichen Inconsequenzen waren es besonders folgende Punkte, die wir glaubten im Auge haben zu müssen,

um der Ausnahme ihren Schein nehmen zu können, und
deren Berücksichtigung zu mancher, wie mir scheint,
durchaus annehmbaren Formdeutung geführt hat.

1. Die schriftliche Darstellung kann inconsequent
sein, während die Lautproduction selbst eine conse-
quente ist. Es können individuelle Schreibfehler vorliegen. Man schreibt ein Wort verschieden verschiedener
Bedeutung wegen, wie nhd. *das* und *dass*, *man* und
mann. Man schreibt etymologisch statt phonetisch, z. B.
ahd. *giloubta* statt und neben *giloupta* (nhd. *glaubte*),
lat. *urbs* statt und neben *urps*. Besonders zu beachten
ist der häufige Fall, dass zur Zeit, wo eine successive
Lautverschiebung in Vollzug begriffen oder eben zum
Ende gekommen ist, ein Schwanken in der Orthographie
stattfindet, das den Schein erregt, als würden die beiden
Endpunkte der Bewegung neben einander gesprochen,
vgl. z. B. $\bar{e}$ und *ei* ($\bar{\imath}$) im Gotischen, *lēkeis* und *leikeis*
= ahd. *lāhhi*, *sc* und *sch* ($\check{s}$) im Mittelhochdeutschen,
scilt und *schilt* (vgl. Weinhold Mittelhochdeutsche
Grammatik[2] S. 204). Hier handelt es sich in Wirklichkeit entweder nur um ganz minimale Differenzen
der Aussprache, oder die Schreibung der alten Laut-
form hat, wenn die Bewegung bereits zum Abschluss
gelangt ist, überhaupt keine phonetische Berechtigung
mehr.

2. Scheinbare Inconsequenz ist oft dadurch veranlasst, dass eine Form aus einem andern Verkehrskreis
aufgenommen ist. Die Verpflanzung kann entweder in
Folge örtlicher Berührung verschiedener Sprachgenossenschaften erfolgen oder mittels einer über mehreren
Dialekten stehenden nicht einheitlichen Schriftsprache.
Vgl. διακοσίων neben διακατίων auf den herakleischen

Tafeln, *rūfus* im Lateinischen aus einem umbrisch-oskischen Dialekt neben echtlateinischem *rōbus*, nhd. *nichte*, *sacht*, *gerücht* u. a. mit *ch* (statt *f*) aus dem Niederdeutschen, *heiland* mit *a* neben *heilend* aus älterer Zeit durch schriftliche Überlieferung, in ähnlicher Weise viele Latinismen in den romanischen Sprachentwicklungen, u. s. w. Vgl. Paul in seinen und Braune's Beitr. VI 4 f.

3. Was man für rein lautliche Entwicklung zu halten geneigt ist, ist vielmehr Analogiebildung. Von dieser wird unten (Abschnitt II) ausführlich die Rede sein.

4. Nachdem durch die Wirksamkeit eines Lautgesetzes ein Laut verändert ist, entsteht dieselbe Lautverbindung von Neuem und bleibt nunmehr unverändert, weil die Wirksamkeit jenes Lautgesetzes erloschen ist. Uratt. $\bar{a}$ ging in η über, $\tau\iota\mu\acute{\eta}$ $\tau\iota\mu\tilde{\eta}\varsigma$ u. s. w., nach dem Abschluss dieses Wandels entstand $\bar{a}$ in $\tau\iota\mu\tilde{\alpha}\varsigma$, $\pi\tilde{\alpha}\sigma\alpha$ durch die sogenannte Ersatzdehnung (aus *$\tau\iota\mu\breve{\alpha}\nu\varsigma$, *$\pi\breve{\alpha}\nu\sigma\alpha$) und blieb nunmehr, und nach Vollzug dieser Ersatzdehnung wurden $\vartheta\acute{\epsilon}\rho\mu\alpha\nu\sigma\iota\varsigma$, $\ddot{v}\varphi\alpha\nu\sigma\iota\varsigma$ u. dgl. nach der Analogie von $\varkappa\acute{\alpha}\vartheta\alpha\rho\sigma\iota\varsigma$ u. à. gebildet und behielten ihr $\nu\sigma$.

5. Der Schein der Ausnahme entsteht dadurch, dass zwei Gesetze neben einander wirken. Im Attischen entsteht aus *$\delta\acute{\iota}\delta\omega\tau\iota$ (dor. $\delta\acute{\iota}\delta\omega\tau\iota$) $\delta\acute{\iota}\delta\omega\sigma\iota$, aber in $\check{\epsilon}\sigma\tau\iota$, $\pi\acute{\iota}\sigma\tau\iota\varsigma$ u. s. w. bleibt τ, denn es ist ein ausnahmsloses Gesetz für diese Sprachgenossenschaft, dass τ in der Verbindung -$\sigma\tau\iota$- nicht spirantisch wird. Got. *þata* mit *þ* = idg. *t*, aber *stráujan* mit *t* = idg. *t*, weil dieser indogermanische Explosivlaut nach *s* unverschoben bleibt. Got. *vaúrda* aus *$vaúrd\bar{o}$, aber *þō* als einsilbiges Wort mit unverändertem *ō*.

6. Dieselbe Form geht unter verschiedenen phone-

tischen Bedingungen in zwei Formen auseinander, und
nachdem die Wirksamkeit des betreffenden Lautgesetzes
oder der betreffendenLautgesetze erloschen ist, werden entweder die beiden Formen promiscue, ohne Rücksicht auf
die Bedingungen, unter denen die Doppelheit entstanden
ist, gebraucht, oder es geht wenigstens die eine der beiden
Formen über den ursprünglichen Gebrauchsbereich hinaus.
Letztere Vorgänge sind als Analogiewirkung anzusehen.
Es handelt sich hier stets um Einflüsse des Satzaccentes
und des Satzsandhi. So entstand im Mhd. in Folge
schwächerer Betonung *denne*, nhd. *denn* neben *danne*,
nhd. *dann* (ahd. *danna*), beide wurden alsdann in derselben Function neben einander gebraucht (noch jetzt
mundartlich *denn* neben *dann* in der zeitlichen Bedeutung).[1] Urgerm. **tō* 'zu' wurde proklitisch zu mhd.
ze, neben dieses trat in derselben Satzstelle das ursprünglich nur hochbetonte *zuo*, und nach einer Zeit
des Schwankens gelangte *zuo*, nhd. *zū* als Präposition
zur Alleinherrschaft. Im Altfranzösischen verlor *qued*
= lat. *quod* vor Consonanten sein *d*, z. B. *que son,*
durch Analogie dann *que* auch vor Vocalen (Neumann
in Gröber's Zeitschr. für roman. Philol. VIII 247). Im
Urgriechischen entstand aus ἐνς 'in' vor Consonanten ἐς
(ἐς τοῦτο, aber ἐνς αὐτό), später ἐς auch vor Vocalen
und ἐνς (att. εἰς) auch vor Consonanten (Verf. Ber.
der sächs. Ges. der Wissensch. 1883 S. 187).

7. Öfter hat man, ohne dass dabei irgendwie eine
Consequenz sichtbar wurde, Spaltung eines Lautes in
derselben Sprachgenossenschaft in zwei oder mehrere

---

[1] Die jetzt in der Schriftsprache an die Formdoppelheit
regelmässig geknüpfte Functionsdifferenz geht uns hier nichts an.

Laute angenommen, wo die Verschiedenheit vielmehr eine ursprachliche war. Die bekanntesten Beispiele sind die idg. *k*-Laute (velare und palatale Explosivae neben einander) und die idg. Vocale *a, e, o,* (*ā, ē, ō*), für die man früher einheitliches idg. *a* (*ā*) voraussetzte (vgl. den Abschnitt III).

8. Falsche Ansichten über den etymologischen Ursprung einer Bildung können irre führen. Als in den fünfziger Jahren durch Curtius, Schleicher u. a. eine strengere Auffassung hinsichtlich der lautlichen Veränderungen zur Geltung gebracht wurde, liess man viele etymologische Analysen Bopp's u. A. fallen, weil man sie im Widerstreit mit klar vorliegenden Lautconsequenzen sah und andre Erklärungen fand, die den lautgesetzlichen Forderungen entsprachen. Jetzt, wo man es mit den Lautgesetzen noch strenger nimmt, hat sich vielfach das Gleiche in neuer Instanz wiederholt. So ist jetzt *hr̥d-* 'Herz' kein Beispiel mehr für sporadische Vertretung von *k-* durch *h-* im Sanskrit, σφί σφέ keines mehr für sporadisches σφ- = σϝ- im Griechischen, germ. *-m* (got. *mahti-m*), lit. *-mis* (*aki-mìs*), abulg. *-mi* (*pątĭ-mi*) keines mehr für *-m-* = *-bh-* in diesen Sprachen, u. s. w.

9. Gewisse Formkategorien scheinen zuweilen ihre besonderen, ihnen eigentümlichen Lautgesetze zu haben, z. B. die Reduplicationssilben. Der Schein des Exceptionellen entsteht hier dadurch, dass sich eben nur bei diesen Formen die Lautconstellation vorfindet, welche Bedingung für den Wandel ist. Die betreffenden Lautgesetze sind also im Princip nicht weniger allgemeingültige als solche, welche an verschiedenen Bildungskategorien zugleich zur Erscheinung kommen. Ich ver-

weise auf Osthoff in Paul und Braune's Beitr. VIII 566 f., dessen Bemerkungen sich noch nach verschiedenen Richtungen hin vervollständigen lassen.

Diess war hinsichtlich der Lautgesetze im Allgemeinen bis jetzt der Standpunkt derer, gegen die in erster Linie sich Curtius' Polemik richtet. An dieser muss namentlich zweierlei auffallen.

Erstlich, dass sich Curtius auf die principielle Frage, wie man sich das Aufkommen und Durchdringen einer Lautbewegung in einer Sprachgenossenschaft vorzustellen habe, so gut wie gar nicht einlässt. Von einer 'Kritik' der neueren Anschauungen war doch ein näheres Eingehen auf diesen Kernpunkt vor Allem zu erwarten. Nur ein Ansatz zu einer Discussion findet sich Seite 9, wo eine Ansicht Bezzenberger's, nach der es glaublich scheinen könnte, dass trotz der gleichen lautlichen Bedingungen in einer Anzahl von Formen der eine Theil von diesen eine ganz andre Behandlung erfährt als der andre, als beachtenswert bezeichnet wird, ohne dass Delbrück's Gegenbemerkungen (Einleitung ² 126) berührt werden. Es handelt sich um Fälle wie gr. ζυγόν, ζέω neben ὑμεῖς ἅγιος, wo nach Curtius dasselbe anlautende j- im Urgriechischen in den einen Fällen zu dj- (ζ-), in den andern zu h- geworden wäre, nicht um jene nur minimalen Schwankungen der Productionsweise eines Lautes, die ohne Weiteres für jedes Dialektgebiet zugegeben werden (s. Paul, Principien S. 51 f.). Bezzenberger meint, es könne in jenen Fällen in dem einen Theil des Sprachgebietes diese, in dem andern jene Abänderung beliebt worden und dann eine Ausgleichung

der verschiedenen Sprechweisen in der Art eingetreten
sein, dass in dem einen Theil der Formen diese, in
dem andern jene Sprechweise zu allgemeiner Anwendung kam. Hiernach wäre also im Urgriechischen *j-*
in allen Wörtern auf der einen Seite des Gebietes zu
dj-, auf der andern zu *h-* verschoben worden, d. h. es
wäre eine Dialektspaltung eingetreten, und dann wären
die einen Wörter in der Gestalt des einen Dialektes
(ζυγόν u. s. w.), die andern in der Gestalt des andern
(ὑμεῖς u. s. w.) über das ganze Gebiet verbreitet worden
und hätten jedesmal die abweichende Form (einerseits
*ὑγον u. s. w., anderseits *ζυμεῖς u. s. w.) verdrängt. Ein
so verwickelter Process müsste in jedem einzelnen Fall
besonders erwiesen werden, um glaubhaft zu sein. Als
eine Vereinfachung könnte es vielleicht erscheinen, wenn
man jede der beiden Veränderungen (*dj-* und *h-*) an einer
grösseren Anzahl von auseinanderliegenden Stellen des
Sprachgebietes aufgekommen und dann die Ausgleichung
erfolgt sein liesse. Hierbei bliebe das Rätsel bestehen,
wie es kam, dass bei der Ausgleichung eine Theilung
der Wörter stattfand und in dem einen Theil derselben
diese, in dem andern jene Gestaltung die Oberhand ge-
wann, und, worin die Hauptschwierigkeit läge: bei dem
Verkehr innerhalb des Sprachgebietes, auch wenn wir
ihn uns wenig rege denken, wäre doch die Ausbildung
so klaffender Gegensätze der Aussprache durch den
Accommodationszwang von vorn herein verhindert worden. Noch nirgends ist die Entstehung so grosser Laut-
differenzen in derselben Verkehrsgenossenschaft bis jetzt
beobachtet worden. Ich halte also auch heute noch daran
fest, dass die Anlautsdifferenzen in ζυγόν und ὑμεῖς aus
vorgriechischer Zeit stammen (vgl. Morphol. Unters. I 4).

Bei dieser Sachlage, da unserseits die Frage, wie
lautliche Änderungen in einer Sprachgenossenschaft aufkommen, bereits mehrfach mehr oder weniger ausführlich — am ausführlichsten von Paul, Principien S. 40 ff. —
behandelt worden ist und Curtius selbst diese principielle
Frage kaum streift, kann von einer Widerlegung unsrer
Anschauungen in der vorliegenden 'Kritik' nicht die
Rede sein, und es bleibt unverständlich, wie Curtius
von dem Satz der unbedingten Consequenz der Lautgesetze so sprechen kann, als wenn bis jetzt nichts dafür
gethan worden wäre, seine innere Berechtigung zu erweisen (S. 3. 9. 93).

Im engsten Zusammenhange mit diesem Verfahren
steht, dass Curtius wiederholt „den Lieblingsausdruck
der neuen Schule unmöglich" rügt. So knüpft er
z. B. S. 21 daran, dass die von ihm angenommene
Entstehung der Verbalausgänge -αω und -αζω aus demselben -ajāmi in G. Meyer's Griech. Grammatik S. 194
mit „unmöglich" abgewiesen wird (sie war vorher auch
schon von Andern abgewiesen worden), die Bemerkung:
„In unzähligen Fällen werden frühere Aufstellungen nur
deshalb von jüngeren Forschern mit diesem kurzen
Worte abgewiesen, weil sie zu jenem an die Spitze ge-
stellten Axiom nicht passen oder nicht zu passen
scheinen." Nun, jede wissenschaftliche Forschung muss
sich auf bestimmte Grundsätze stützen, und mir scheint,
wenn man sich genügend bemüht hat diese Grundsätze
als richtig zu erweisen und eine Widerlegung ist nicht
erfolgt, so hat man ein Recht, Aufstellungen, die mit
ihnen unverträglich sind, kurz abzuweisen. Wer solche
Aufstellungen trotzdem glaubt vertreten zu müssen, der
weise entweder die Unrichtigkeit der Grundsätze der

Andersdenkenden nach, oder er zeige, dass jene zu diesen dennoch passen, oder — er lasse sich die kurze Ablehnung gefallen.

Das Zweite ist, dass Curtius gegen uns geltend macht (S. 12. 15 f. 17. 21. 22), die Ausnahmslosigkeit der Lautgesetze lasse sich auf inductivem Wege nicht erweisen. Dass ein vollständiger Inductionsbeweis nicht möglich sei, hatten wir selbst zugestanden (s. Morph. Unters. I p. XV, Osthoff das physiologische und psychologische Moment in der sprachlichen Formenbildung S. 6 und Delbrück Einleitung [2] S. 116), und Curtius sieht, wie sich namentlich aus seinen gegen Delbrück gerichteten Worten S. 17 ergibt, in diesem Zugeständnis das Bekenntnis, dass es mit der Lehre von der unbedingten Constanz der Lautbewegung schlecht bestellt sei. Er führt auch jetzt wieder (vgl. Grundzüge [5] 425 ff.) eine Reihe von lautlichen Unregelmässigkeiten vor, welche die Undurchführbarkeit des Grundsatzes vor Augen stellen sollen. Aber zugegeben auch, alle von Curtius bis jetzt uns entgegengehaltenen Fälle liessen keine lautgesetzliche Erklärung zu, und angenommen, Curtius hätte uns noch zehnmal so viel solcher Beispiele entgegengehalten, so würde das an der Sache selbst nichts ändern. Ich habe schon S. 53 gezeigt, aus welchem Grunde es der sprachgeschichtlichen Forchung unmöglich ist, alle überlieferten Facta in Einklang mit einander zu bringen, und ein Rest von Unerklärtem voraussichtlich immer bleiben wird, und möchte fragen: wer hat bisher auf andern Gebieten der culturgeschichtlichen Forschung, wo man es überall ebenso wie in der Sprachgeschichte nur mit fragmentarischer Überlieferung zu thun hat, methodische Grundsätze darum für falsch

oder bedenklich erklären zu müssen geglaubt, weil es
dem Historiker nicht gelingen will, in dem Kreis der
überlieferten Einzelheiten allenthalben den ursächlichen Zusammenhang sicher zu ermitteln?

Wir könnten nach dem Gesagten die Ausnahmen,
die Curtius als unerklärte gegen uns vorbringt, auf sich
beruhen lassen. Aber für einen Theil derselben ist
doch schon eine meines Ermessens wolannehmbare Erklärung gefunden, die Curtius nicht zu kennen scheint,
und so mag es gestattet sein, diese Fälle hier vorzu-
führen.

Über κίδναται neben σκίδναται, τέγος neben στέγος
(S. 15) sieh Osthoff, Morph. Unters. IV 329, wo Satz-
doubletten angenommen werden.

S. 21 heisst es: „Will man leugnen, dass lat. pēdo
mit gr. πέρδομαι und skr. pṛd identisch ist, nur aus
dem Grunde, weil eine entsprechende Ausstossung des
r nicht nachweisbar ist?" Ich für meine Person leugne
es, aber nicht nur aus diesem Grunde, sondern auch
weil pēdo mit slov. pezděti u. s. w. von Wurzel pezd-
herzuleiten nichts hindert; s. Fick, Bezzenberger's Beitr.
VII 270, Joh. Schmidt, Kuhn's Zeitschr. XXVII 320
und Osthoff, Zur Gesch. des Perfects S. 273. 613.

Für den elischen Rhotacismus, in dem Curtius nur
einen „durchaus unbeständigen Lautwandel" sehen kann
(S. 26 f.), hat Osthoff eine lautgesetzliche und in sich
wahrscheinliche Deutung gegeben Liter. Centralbl. 1879
Sp. 1096 (vgl. auch Zur Gesch. d. Perf. S. 27).

S. 28: „Auf welchem Lautgesetz sollte es wohl beruhen, dass die Wurzel λιπ im ἀλείφω vor sich ein α
erzeugt, die gleichlautende aus λικ (linquo) entstandene

Wurzel λιπ (lassen) ohne Prothese bleibt?" Die Antwort gibt Osthoff in der letztgenannten Schrift S. 304. S. 29 wird auf att. ἑαυτόν neben αὑτόν verwiesen. Jenes aus *σεϜ᾽ αὑτον, dieses aus *σϜ᾽ αὑτον nach Wackernagel, Kuhn's Zeitschr. XXVII 279. Über die ebendaselbst entgegengehaltene Doppelform εἰς und ἐς s. oben S. 56. S. 31: „Die Epenthese kann für Wörter wie homer. εἰνί neben ἐνί (lat. in, osk. en), τείνω [?], τέκταινα, ἐχθαίρω u. a. unmöglich geleugnet, ebenso unmöglich aber, wie ξένιος, ἐλευθέριος, βαλιός u. s. w. beweisen, als eine nothwendige Lautbewegung nachgewiesen werden." Zum Theil widerlegt sich Curtius selbst, indem er zufügt: „Freilich werden dabei die Zeiten wohl zu unterscheiden sein." Ausserdem aber beweisen die Gegenbeispiele ξένιος etc. darum nichts, weil man jetzt, wie mich dünkt, mit gutem Fug annimmt, dass die Epenthese (d. h. zunächst Mouillierung) nur bei -νι̯-, -ρι̯- u. s. f., nicht bei -νι- etc. stattfand. Das von Curtius angeführte εἰνί ist, wie Osthoff, Morph. Unters. IV 382 überzeugend dargethan hat, nicht lautliche Fortsetzung von ἐνί, sondern eine auf Grund dieser Form vollzogene Umbildung des vor vocalischem Wortanlaut entstandenen εἰν = *ἐνι̯.

Es ist mehrfach von uns darauf hingewiesen worden, dass in der naturwüchsigen und reflexionslosen Alltagssprache die Regelmässigkeit der Lautbewegung leichter wahrnehmbar sei als in den Schrift- und Kunstsprachen. Dazu Curtius S. 13: „Ich möchte die Frage anfügen, wo uns denn solche dem Naturzustand näherliegende

Sprachen wirklich vorliegen. Es würde sich vielleicht lohnen, in solchen Sprachen oder Mundarten, welche von der Cultur möglichst unberührt sind, Untersuchungen in Bezug auf den Lautwandel vorzunehmen. Jedenfalls sind die meisten indogermanischen Sprachen, auf welche die neuen Principien vorzugsweise angewandt sind und beständig angewandt werden, nicht von jener Art. Das Sanskrit, das Griechische, das Lateinische sind in eminentem Sinne Cultursprachen und es fragt sich doch wohl, ob wir aus der Fülle der hier vorliegenden That-sachen jenen Naturzustand überhaupt ungetrübt heraus-zuschälen vermögen. Hier liegt also ein Widerspruch vor. Man stellt ein Axiom an die Spitze, das wenigstens 'vorzugsweise' in jenen mehr vorausgesetzten als factisch nachgewiesenen Naturmundarten gelten soll, und wendet es ohne alles Bedenken auf Sprachen an, die von ganz andrer Art sind." Dass von den näher bekannten indo-germanischen Mundarten keine den „Naturzustand" ganz rein repräsentiert, liegt auf der Hand. Zwischen den ihm am nächsten stehenden, in denen unbedingte Regel-mässigkeit der Lautbewegung in unzähligen Fällen zu beobachten ist, [1] und den ihm am fernsten liegenden,

---

[1] S. 18 heisst es: „Wiederholt ist von neueren Forschern darauf hingewiesen, dass für die Richtigkeit principieller Auf-stellungen die lebenden Sprachen, ganz vorzugsweise die roma-nischen mit ihrer festen Grundlage im Lateinischen und ihrer durch Jahrhunderte verfolgbaren, reichen Geschichte belehrend seien. Dies bestimmte mich, in Bezug auf die Frage nach der Beständigkeit und Gleichmässigkeit des Lautwandels bei den Romanisten unsrer Tage mich umzusehen." Es folgen Citate aus den Schriften verschiedener Romanisten, darunter Diez (!) und Caroline Michaelis. und der Schluss lautet: Von diesem Ausflug in romanische Gebiete kehrte ich also unverbessert zurück." Ich möchte Curtius empfehlen, statt sich an Bücher zu wenden, in denen

in denen diese Regelmässigkeit bis jetzt seltener als
dort nachgewiesen ist, gibt es aber nur Grad-, keine
Artunterschiede. Ein Widerspruch liegt nicht vor, und
aus den von Curtius berührten Thatsachen ist doch wol
eine ganz andre Consequenz zu ziehen als er zieht. Je
complicierter das Spiel der Kräfte ist, durch welche die
geschichtlichen Thatsachen geschaffen werden, um so
mehr müssen wir es uns angelegen sein lassen, die
mannigfachen neben einander wirkenden Factoren zu
isolieren. Der Sprachhistoriker hat hinsichtlich der
Schrift- und Kunstsprachen nur um so schärfer die das
reine Spiel der lautbewegenden Kräfte durchkreuzenden
und den Schein der Inconsequenz erzeugenden Factoren,
Entlehnung, Eingreifen grammatischer Reflexion u. s. w.,
aufs Korn zu nehmen. Freilich wird es nicht gelingen,
diese störenden Elemente in allen Fällen aufzufinden
und bloss zu legen, aber das Streben muss wenigstens
darauf gerichtet sein, und nur so dürfen wir hoffen zu
wissenschaftlichen Resultaten zu kommen. Der Satz
von der Constanz der Lautbewegung leidet dabei an
sich keine Not.

S. 14 wird bemerkt, dass wir Jüngeren bei dem
Versuch, Ausnahmen zu erklären, mit Recht auch den

---

doch fast immer nur von vergangenenen, also nur durch das
trübende Medium der Schrift zugänglichen Sprachphasen die
Rede ist, einmal die lebenden Volksmundarten selbst oder solche
Bücher, in denen sie wissenschaftlich genau dargestellt sind, zu
befragen. Ich vermute, er wird staunen, wie regelmässig, im
Vergleich zur Schriftsprache, hier dieselbe Richtung des Lautwandels eingehalten ist; ich denke dabei an Erscheinungen wie
rš aus *rs* in mittel- und oberdeutschen Dialekten, *nn-* aus *nd-*
in mitteldeutschen Mundarten u. s. w.

Factor der Sprachmischung, der Entlehnung aus andern
Sprachen oder Dialekten herangezogen hätten. Dann
heisst es weiter: „Aber neu tritt bei Delbrück der Gedanke hervor, dass die Producte einer früheren Zeit sich
bis in eine spätere erhalten und auf diese Weise Ausnahmen von den Lautgesetzen erklären könnten. Ich
halte diesen Gedanken für einen ebenso glücklichen,
als unabweisbaren und tiefgreifenden. Auf dieselbe
Fährte wird auch Paul in dem erwähnten Buche ([Prin-
cipien] S. 129) geführt, indem er residua aus einer
älteren Zeit in allem geschichtlich gewordenen annimmt.
Diese zweite Einräumung [warum Einräumung?] hat
offenbar eine ungemein grosse Tragweite. Derselben
Betrachtung begegnen wir bei Tobler in der erwähnten
Recension. Er sagt: 'Warum sträubt man sich so sehr,
Reste von Übergangszuständen anzunehmen,
welche auch aus vergangener Zeit da und dort noch
vereinzelt sich erhalten haben können neben der in derselben oder in andrer Richtung vorgerückten Bildung?'
In der That gibt es wohl kein Gebiet geschichtlichen
Werdens, in welchem alles aus einem Gusse wäre."
Schweben hier Curtius Fälle vor wie das dem homer.
ion. εἰμὲν gegenüberstehende att. ἐσμὲν, von dem er
Verb. I² 150 sagt, es „überrage alle übrigen Formen
[des Indic. Präs.] an Altertümlichkeit", und soll mit
jenen Worten gesagt sein, dass sich Sprachformen ohne
Weiteres, ohne Einwirkung fremdartiger Factoren, der
lautgesetzlichen (stets unbewusst geschehenden) Veränderung entziehen und so in spätere Zeiten hinüberretten
können, so hat er Delbrück und Paul missverstanden,
wie man sich durch Einsicht der betreffenden Bemerkungen dieser Gelehrten leicht überzeugen kann.

Beide werden mit mir einverstanden sein, dass ἐσμὲν
kein residuum, sondern eine Umbildung des lautgesetzlichen εἰμὲν nach der Analogie von ἐστὲ und ἔστι ist,
ebenso wie ἠμφί-εσμαι jünger als εἶμαι, ζῶσμα jünger
als ζῶμα ist u. dgl. m. (Verf. Kuhn's Zeitschr. XXVII
591). Vielleicht aber dachte Curtius an Fälle wie das
Nebeneinander von -ου, -οο, -οιο im Gen. Sing. bei Homer,
das von *huebra*, *obra*, *opera* im Spanischen, oder an
solche wie *vorhanden*, *zu handen* neben *hünden*, *be-
stallt* neben *gestellt* im Neuhochdeutschen, ϑύραῖσι, Ἀϑή-
νῃσι neben den Formen auf -αῖσι -ῃσι, -αισι, -αις im Attischen. Diese berühren unsern Grundsatz ebenso wenig.
Denn in den ersteren Fällen hat man es mit E n t l e h -
n u n g aus älteren Sprachzuständen zu thun (Curtius
selbst hat uns ja gelehrt, wie die nicht selten dreifachen
Schichten von älteren und jüngeren Formen bei Homer
aus der längeren Geschichte des epischen Gesanges begriffen werden müsssn, s. Studien IV 487). In den
letzteren dagegen ist, wie so häufig, eine durch besondere Gebrauchsweise isolierte Wortform der Umbildung
durch Analogie entgangen.

S. 23 heisst es, von den „constituierenden Lautgesetzen" — als ein solches wird z. B. die germanische
Lautverschiebung bezeichnet — seien „sehr verschieden
die kleinen Auslassungen von Vocalen und Consonanten im Auslaut, die inneren Anbequemungen der
Laute an einander, Quantitätsveränderungen und andres
der Art, was bis vor kurzem unter den Begriff des
Lautgesetzes überhaupt nie [?] gebracht worden war" ;
hier sei eine Constanz der Lautbewegung vielfach nicht

wahrzunehmen. Wenn ich Curtius recht verstehe, so findet er die principielle Verschiedenheit darin, dass es sich in den letzteren Fällen nur um „kleine" Modificationen der Aussprache handele, in den ersteren um grössere. Aber was Curtius eine kleine Änderung nennt und wofür dann strenge Consequenz von ihm nicht verlangt wird, ist in Wirklichkeit in vielen Fällen eine ebenso grosse oder noch grössere Umwandlung als was allgemein als strict durchgeführtes Lautgesetz gilt. Curtius führt z. B. S. 30 att. *ἀμφιέννυμι* an, in dem -*εσν*- ausnahmsweise nur zu -*ενν*-, nicht weiter zu -*ειν*- (vgl. *ὀρεινός* aus **ὀρεσ-νο-ς*) geworden sei, und S. 24 f. -*οις*, *δόμεν*, *ἐν*, bei denen –*ι* abgefallen sei. Kann man hier von einer kleineren Modification reden als z. B. bei -*ανσ*-, woraus im Attischen ohne jede Ausnahme -*ᾱσ*- geworden ist (*πᾶσα* aus **πανσα* u. s. f.), oder bei ags. -*i*, das ausnahmslos zu -*e* geworden ist (z. B. *erfe* = ahd. *erbi*), oder bei der urgermanischen Lautgruppe *e* + Nasal + Consonant, in der consequent *e* in *i* übergegangen ist (z. B. got. *bindan*)?[1] Jene Unterscheidung von Curtius ist rein subjectiv, und so kann ich sie in Ansehung der uns hier beschäftigenden principiellen Frage nicht als Beweismoment gelten lassen.

Ich komme zum letzten und wichtigsten Punkt.

Es war früher ein beliebtes Verfahren, wenn man in einem Wort eine Lautvertretung fand, wie man sie

---

[1] Eine Erklärung von *ἀμφιέννυμι*, bei der die Lautgesetze zu ihrem Recht kommen, habe ich Kuhn's Zeitschr. XXVII 589 ff. versucht. Zu dem angeblichen Abfall von -*ι* vgl. Ber. d. sächs. Ges. d. Wiss. 1883 S. 188.

nicht erwartete, sich nach Analoga umzusehen und, wenn man den einen oder andern Fall aufgetrieben hatte, der, wie man glaubte, dieselbe Unregelmässigkeit aufwies, dann so zu sprechen, als habe man die Inconsequenz wissenschaftlich erklärt. Diesem Verfahren war Curtius von jeher zugethan, und er huldigt ihm auch noch in der uns vorliegenden Schrift. Aus seinen älteren Arbeiten erwähne ich z. B. die Nebeneinanderstellung von σφέ, σφώ und σφόγγος, die unregelmässiger Weise σφ- für σϝ- aufweisen sollen (vgl. dagegen ἔ, ἑκυϱός u. s. f.) und deren sporadischer Lautwandel für „sicher" ausgegeben wird (Grundz. [5] 600 f.), und die Erklärung von -μεϑα als „Verdünnung" aus -μεσϑα, wozu ὄπιϑεν statt ὄπισϑεν, ἦτε für ἦστε stützende Analoga bilden sollen (Verb. I [2] 94). In unsrer 'Kritik' werden S. 29 πλεῖν, δεῖν auf πλεῖον, *δεῖον und ζείδωϱος auf *ζειοδωϱος zurückgeführt und dann heisst es weiter: „Dadurch rechtfertigt es sich vollständig, den thessalischen Genitiv auf -οι als zusammengezogen aus dem homerischen auf -οιο zu betrachten"; S. 51 f. wird κλόνις aus *κλουνις gestützt durch ἔκομεν aus *ἔκουμεν, ἄλοξ aus *ἀϝλοξ, hellenist. ἀτοῦ aus αὐτοῦ.

Von uns, die wir es als zur Natur des Lautwandels gehörig betrachten, dass er alles gleichartige in gleicher Weise ergreift, und auf Grund dessen fordern, dass man bei jeder Unregelmässigkeit nach der Erklärung strebe, nach dem Warum frage, ist ein solches Verfahren schon mehrmals für unzulässig erklärt worden (s. z. B. Leskien Die Declination im Slav.-Lit. und Germ. S. 41, Verf. Morphol. Unters. I p. XIV und S. 156). Denn man kann nicht ein x dadurch in eine bekannte Grösse verwandeln, dass man ihm ein andres

x zur Seite stellt, nicht eine Unerklärlichkeit durch eine andre klar machen.[1] Wir bestrebten uns also in zahlreichen Fällen, den Grund der Ausnahmestellung aufzufinden, und mir scheint, es ist oft genug gelungen. Curtius nun hat für dieses Verfahren, das in sich doch logisch consequent ist, immer noch kein Verständnis, wie sich aus vielen Stellen seiner Schrift ergibt. Ein paar Beispiele!

Ich hatte Morph. Unters. III 20 für die Ausnahmestellung jener oben erwähnten Formen κλόνις (= aind. çrōṇi-, lat. clūni-s) und ἔκομεν (zu κοέω, also scheinbar aus *ἔκουμεν entstanden) die Erklärung versucht, dass jenes eine „volksetymologische Anlehnung an κλόνος (κλονέω)“ sei, während ich in Bezug auf dieses bemerkte: „Wie es entstanden ist, kann nicht eher gesagt werden, als bis wir reichlichere Belege für das Formsystem dieses Verbum haben. Vorläufig ist es das wahrscheinlichste, dass ἔκομεν in Anlehnung an solche Formen mit κο- entstand, in denen auf κο- ein Vocal folgte und demnach F lautgesetzlich weggefallen war, etwa in Anlehnung an eine 1. Sing. *ἔκοα = *ἔκοϜα, vgl. ἔχεα neben ἔχεϜα in Bezzenberger's Beitr. II 249 f. In ähnlicher Weise schuf man in Anlehnung an χέω in späterer

---

[1] Damit ist nicht gesagt, dass man Fälle, die vom Standpunkt strenger Beobachtung der Lautgesetze aus als 'Ausnahmen' erscheinen, überhaupt nicht an einander reihen dürfe. Wir alle haben immer z. B. die bekannten Beispiele für aind. h = europ. g, ai. mahān = gr. μέγας, ahám = ἐγώ u. s. w. zusammengestellt, ebenso die ind. Wörter wie hitá-s, i-hí u. s. w. mit h statt des zu erwartenden dh, die griechischen πτ in πτόλις, πτόλεμος, etc. Aber wir sahen hier nicht einen 'sporadischen Lautwandel', sondern uns waren solche Fälle Probleme, welche die Wissenschaft erst noch zu lösen habe. Über jenes aind. h = europ. g siehe jetzt von Fierlinger Kuhn's Zeitschr. XXVII 478.

Gräcität einen Aorist ἐχέϑην statt ἐχύϑην."¹ Curtius
hält dem gegenüber S. 51 f. an seiner Auffassung fest,
weil sporadischer Wegfall eines den zweiten Compo-
nenten eines Diphthongs bildenden *v* vor Consonanten
thatsächlich vorkomme.²

Es gibt griechische Wörter, in denen scheinbar
urgriech. -ᾱ gegen die Regel zu -ᾰ verkürzt ist, ἅμᾰ,
κρύφᾰ, δίχᾰ neben dor. ἁμᾶ, κρυφᾶ, διχᾶ, Nom. ἱππότᾱ,
ἀλήϑεια, τόλμᾰ neben χώρᾱ, homer. ἀληϑείη. Wir
Jüngeren suchten die Ausnahmen als nur scheinbare zu
erweisen, und die gegebenen Erklärungen sind nach
meinem Dafürhalten durchaus probabel. S. Verf. Morph.
Unters. II 158. 199, Osthoff Zur Gesch. d. Perf. 460.
572 ff.; dass -ιᾰ und -ιᾱ eine uridg. Differenz ist, hat
Sievers in Paul - Braune's Beitr. V 136 ff. dargethan.
Curtius wendet sich S. 26 gegen unsere „Abneigung"
-ᾱ zu -ᾰ lautlich verkürzt sein zu lassen, stellt jene
Ausnahmen mit der Vocalkürzung im Lateinischen (*egŏ*
aus *egō* u. s. w.) zusammen und schliesst: „Kann man

---

¹ ἔχομεν ist nur bei Hesych überliefert, und es wäre auch
denkbar, dass es ein *ἔχνμεν vertritt, wie μοχοῖ = μυχοῖ u. a.
(G. Meyer, Gr. Gramm. S. 92 f.).

² In Bezug auf meine Erklärung von κλόνις heisst es: „Aber
wir dürfen uns doch die Frage erlauben, was die 'Hüfte' mit
dem 'Schlachtgetümmel' zu thun hat." Ganz so abenteuerlich
war der Gedankensprung nicht, den ich die Griechen thun
liess. κλόνος und κλονέω werden ja überhaupt von unruhigen,
wirren Bewegungen gebraucht, und Horaz' *clunis tremulus* mag
zeigen, woran ich dachte. Grösseren Wert lege ich übrigens auf
diese Vermutung nicht. — Das von Curtius ebenfalls herange-
zogene ἄλοξ hätte bei Seite bleiben müssen, weil es nicht auf
*αϝλοξ zurückgeführt werden darf. Es gab einst, wie ich ver-
mute, eine Stammabstufung Ϝολκ- : Ϝλακ-, letzteres aus Ϝ̥λκ-, wie
Ϝοικ- (οἶκα-δε) : Ϝικ-, und von da aus sind die bekannten Formver-
schiedenheiten des Wortes zu erklären.

diesen Thatsachen [!] gegenüber an jener Abneigung
festhalten?" Vgl. auch S. 111, wo es heisst: „Mir ist
natürlich nicht unbekannt, dass die Kürzung eines aus-
lautenden $\bar{a}$ zu $\breve{a}$ von manchen Gelehrten für unzulässig
erklärt wird. Ich halte mich aber einfach [!] an Fälle
wie homer. ἀληθείη neben ἀλήθεια, dor. ἀμᾶ, gemeingr.
ἀμᾰ, altlat. Nom. terrā, später terră, regō, später regŏ
u. s. w."[1]

Da ich keine ratio fand, nach der homer. ἔμεν,
ἔμεναι (neben ἔμμεν, ἔμμεναι) und die 1. Pl. ἐμὲν[2] lautlich aus den anzunehmenden Grundformen *ἐσ-μεν(αι)
und *ἐσμεν erklärt werden könnten, so meinte ich
(Morphol. Unters. I 6. 37) diese Formen für Neubildungen nach τίθημι ansehen zu dürfen, vgl. εἰσὶ :
τιθεῖσι, εἴην : τιθείην. Curtius erklärt S. 30 seine Annahme einer rein lautlichen Reduction von μμ zu μ
für gerechtfertigt und meine Ansicht für widerlegt durch
die „Thatsachen", die Oehler De simplicibus consonis
continuis etc. Lips. 1880 verzeichnet habe. Oehler
stellt p. 54 mit ἔμεν allerlei zusammen, was theils ohne
jeden Zweifel ganz andrer Art ist, theils aber noch sehr
der Aufklärung bedarf.

---

[1] Was hier die lateinische Vocalverkürzung soll, verstehe
ich nicht. Curtius hätte solche Kürzungen auch noch aus mancher
andern Sprache beibringen können. Aber wie kann man auf
diese Weise den in Rede stehenden Lautwandel im Griechischen
plausibel machen wollen? Die lautphysiologische Möglichkeit
eines Übergangs von -ā in -a war ja von keinem von uns bezweifelt worden.

[2] Jetzt glaubt Kirchhoff auch ein ἐμὶ in dem Hexameter
einer altthessalischen Grabinschrift gefunden zu haben, s. Hermes
XX 158 f. Ist diese Form richtig gelesen und ist die oben im
Texte erwähnte Vermutung über den Ursprung von ἐμὲν zutreffend, so wäre ἐμὶ als dem ἐμὲν nachgebildet anzusehen.

Bei diesem Verfahren hat es denn Curtius leicht,
zu sagen (S. 84), wir gäben die lautgesetzlichen Veränderungen „im Widerspruch mit vielen Thatsachen"
für unbedingt ausnahmlos aus. Für Curtius liegen eben
die Unregelmässigkeiten, die Ausnahmen nicht in der
unfertigen Erkenntnis, sondern in der Natur der Sache.
Und da ist es doch wol der offenbarste Zirkel, in dem
er sich in seiner Beweisführung bewegt. Was uns die
erklärungsbedürftigen Ausnahmen sind, die Unregelmässigkeiten, in denen wir uns bemühen die Regel und
das Gesetz zu finden, das erklärt er ohne Weiteres für
lautgeschichtliche Thatsachen, für feststehende Grössen,[1]
und indem er uns diese entgegenhält, glaubt er uns
widerlegt zu haben.

Aber Curtius wird mir hier vielleicht entgegen-
halten was er S. 21 f. sagt. Dort heisst es: „Soll
übrigens jener Grundsatz [der Constanz der Lautbe-
wegung] mehr die Bedeutung eines selbsterziehenden
Princips haben in dem Sinne, dass wir uns wechselseitig ermahnen, von anerkannten Lautgesetzen nicht
leichtsinnig Ausnahmen zuzulassen und für alle selt-
neren Lautbewegungen sorgfältig nach einem warum?
zu fragen, so wird darüber eine Meinungsverschiedenheit unter vernünftigen Gelehrten kaum stattfinden
können. Freilich ist das Streben der Wissenschaft auf
dies Ziel schon längst gerichtet gewesen. Denn zwischen

---

[1] Charakteristisch ist auch eine Frage S. 21: „Will man
etwa auch sanskr. *pibāmi* (trinke), das doch gewiss auf *pipā-mi*
zurückgeht, will man der Aspiration in λύχνο-ς, πάσχω (wofür
jetzt die ältere Form πάσκω [elisch, I. A. 112, 8] vorliegt) und
andern sehr vereinzelten Abweichungen von weit verbreiteter
Regelmässigkeit die Existenz absprechen?"

'sporadischen Lautveränderungen' und 'vereinzelten, vorläufig nicht zu erklärenden' ist der Unterschied minimal." Ich behaupte, dieser Unterschied ist ein himmelweiter, wenn man, wie Curtius thut, durch die blosse Aneinanderreihung einer Anzahl von Ausnahmen, von denen jede mit einem klar vorliegenden Gesetz im Widerspruch steht, eine wissenschaftliche Erklärung gegeben zu haben meint — Curtius gebraucht selbst (S. 58) den Ausdruck „Erklärung" für seine Behauptung, dass die Aspiration in hom. τετράφαται (zu τρέπω), herod. πέπομφα (zu πέμπω) eine „sporadische Lautveränderung" sei —, und kann nur finden, dass er sich durch jene Worte in einen unlöslichen Widerspruch mit sich selbst verwickelt. Denn auf der einen Seite zugeben, dass man überall sorgfältig nach einem warum? fragen soll, und auf der andern Seite Antworten auf diese Frage von vorn herein die Thüre weisen, das verträgt sich nicht mit einander. Curtius macht uns in jenen Worten S. 21 f. ein wesentliches Zugeständnis, aber er bemerkt nicht, dass wenn man A sagt, notwendig das B folgt.

Ich freue mich dieses Zugeständnisses, weil sich mir daran die Hoffnung knüpft, dass, wenn Curtius wieder auf die Lautgesetze zu sprechen kommen wird, von hier aus leicht eine Einigung in unsrer˙ Streitfrage erzielt werde. Unsern bisherigen Standpunkt aber vermag ich bis jetzt in keiner Hinsicht für erschüttert anzusehen.

II.

Eine falsche Lehre lässt sich nich
widerlegen, denn sie ruht ja auf der
Überzeugung, dass das Falsche wahr
sei. Aber das Gegentheil kann, darf und
muss man wiederholt aussprechen.

Goethe.

Wie Curtius heute über das Wirken der Analogie
denkt und wie er unser Verhalten gegenüber diesem
Factor der Sprachentwicklung beurtheilt, zeigen am
besten folgende Stellen:

S. 39: „Die Annahme der Analogiebildung hat
etwas uncontrolierbares. Sie kann leicht aufgestellt,
aber schwer wahrscheinlich gemacht und noch schwerer
als die einzig zulässige erwiesen werden. Die Analogiebildung ist nämlich an und für sich überall möglich,
aber nirgends nothwendig. Sie unterscheidet sich
dadurch wesentlich von allen Annahmen lautlichen
Überganges, lautlichen Wegfalls oder Zusatzes."

S. 42: „Liest man die Lobpreisungen [!], welche
im Laufe der letzten Jahre der vielnamigen Spracherscheinung zu Theil geworden sind, so möchte man
meinen, die Blüthe, ja das eigentliche Leben der
Sprache, bestehe gar nicht im Ausdruck menschlicher
Vorstellungen und Gedanken, nicht in der Festhaltung
frühzeitig für gewisse Vorstellungen und Denkformen
fixirter Lautgebilde, sondern vielmehr in deren Zerstörung unter dem Einfluss und der Einwirkung andrer
Lautgebilde, die nach der ursprünglichen Intention der
sprechenden mit jenen gar nichts zu thun hatten. Es
könnte scheinen, als ob die Erhaltung des alt überlieferten dem Sprechvermögen kaum möglich, die
gaukelnde Einmischung rechts und links liegender Ge-

bilde vielmehr das eigentlich wirkliche und durchaus vorherrschende sei."

S. 45: „Nur möchte man fragen: Sind denn diese Abirrungen, Verwechselungen, Angleichungen die einzigen Vorgänge in der Seele der sprechenden? Gehört denn die regelmässige Fortpflanzung des überlieferten Sprachgutes nicht ebenfalls der Seele an? Oder sollen wir das Gedächtniss, sollen wir das Festhalten der überlieferten Sitte, des Glaubens, des Rechts vom Seelenleben ausschliessen?"

S. 42: „Augenscheinlich steht dem Triebe, sprachliche Erscheinungen einander ähnlicher zu machen, ein andrer Trieb gegenüber, an den in der neuesten Sprachforschung wenig gedacht wird, nämlich der conservative Trieb, der auf stille, treue, feste Vererbung der in einer früheren Zeit geschaffenen Formen und Begriffe hinausläuft."

S. 44: „Unstreitig ist der conservative Trieb der durchgängige und herrschende. Der ausgleichende Trieb ist der secundäre, die Ausnahme gegenüber der Regel, die Missbildung und Verirrung gegenüber der gesunden Bildung. Von dem zweiten Triebe auszugehen, hätte kaum mehr Sinn, als für den Erforscher des menschlichen Körpers, mit dem kranken Körper oder den Missbildungen den Anfang zu machen. Auch aus einem andern Grunde ist es für eine gesunde Methode unzulässig, erst nach Analogiebildungen zu suchen und dann erst, wenn dies misslingt, normale als erwiesen zu betrachten. Denn wenn es irgend einen unverbrüchlichen Grundsatz für sprachliche Forschung gibt, so ist es der, von dem evidenten auszugehn und von da aus vorsichtig weniger evidentes zu erschliessen."

S. 41: „Die Neigung zur Analogiebildung ist und bleibt eine sporadische und launenhafte."

S. 66: „Eine weitere Frage ist die, für wie alte Zeiten der Sprachgeschichte wir Analogiebildungen annehmen dürfen. Dass jüngere Sprachperioden dergleichen mehr aufweisen als ältere, bezweifelt wol niemand. Dennoch hat man in dem Eifer, eine möglichst grosse Zahl von Analogiebildungen aufzustellen [!], sie sogar für die allerfrühesten Zeiten als wahrscheinlich zu bezeichnen gewagt. Gewiss ist es aber kein Zufall, dass man vorzugsweise in neueren Sprachen, namentlich den romanischen, zuerst auf diese Bildungen aufmerksam geworden ist, und dass auch anderswo, z. B. im Lateinischen, unverkennbare Analogiebildungen grossentheils der späten Zeit angehören. Für wahrscheinlicher können sie daher jedenfalls nur in jüngeren Perioden der Sprache gelten. Ich schliesse mich hier einer feinen Bemerkung Paul's in seinen 'Principien der Sprachgeschichte' S. 65 an. Er spricht dort von der 'Intensität', von dem Grade der Bewusstheit und des Interesses, mit dem eine Vorstellung aufgenommen wird, und fährt fort: 'Da jede Vorstellung mit der Zeit an Stärke einbüsst, so kommt sehr viel darauf an, wie lange Zeit seit der ersten Aufnahme verstrichen ist.' Mit Weiterführung dieses, mich dünkt schlagenden Gedankens, dürfen wir für frühe Zeiten ein grösseres Festhalten des ursprünglich geschaffenen vermuthen, und es scheint mir gänzlich unglaublich, dass die Sprachen schon in den frühesten Zeiten ihrer Feststellung, das ist in jener Periode, die W. v. Humboldt die der Organisation nennt, von den kaum geschaffenen und, wie wir vermuthen dürfen, frisch und lebhaft im Gedächtniss

festgehaltenen Formen aus gleich wieder abgeirrt und
ins Schwanken gerathen seien, dass die Menschen, durch
den Dämmerschein beliebiger Ähnlichkeiten verführt,
das eben hervorgebrachte Sprachgut gleich massenhaft
durch Angleichungen und Nachbildungen verdunkelt
und gleichsam verdorben hätten. Liegen nun auch
solche Zeiten in unendlicher Ferne, so dürfen wir doch
wohl nach dem Schlusse der Analogie für ältere und
regere Zeiten, die uns durch eine Fülle wohl unter-
schiedener alter Formen imponiren, voraussetzen, dass
Abirrungen der erwähnten Art bei ihnen überhaupt,
wenn auch vielleicht nicht unerhört, doch in keiner
Weise zu erwarten sind."

Der Auffassung, als sei Analogiebildung das „secundäre", „die Missbildung und Verirrung" in der Sprache,
und der Behauptung, sie sei und bleibe eine „sporadische Neigung", stelle ich Folgendes gegenüber, was
mir durch die neueren Untersuchungen dieses Factors
der Sprachentwicklung, namentlich durch Paul Principien
S. 61 ff.[1], sicher erwiesen zu sein scheint.

Das Gefühl für den etymologischen Zusammenhang
der Wörter und die Wortbildungs- und Flexionsgesetze
entsteht im Menschen dadurch, dass die neu aufge-
nommenen Sprachvorstellungen von den früher auf-
genommenen vermöge partieller Gleichheit ihrer Elemente attrahiert werden. Dem Sprechenlernenden sagt

---

[1] Vgl. auch John Über die methodischen Principien der
sogen. Junggrammatiker, Korresp.-Bl. f. d. Gel.- und Realschulen
1884, 3. u. 4. Heft.

niemand, dass *gastes* der Gen. Sing., *gaste* der Dat.
Sing., *gäste* der Nom. Pl. zu dem Nom. Sing. *gast* sei,
dass *führer* ein nomen agentis, *führung* ein nomen
actionis aus *führen* sei, etc. Vielmehr werden die verschiedenen Beziehungen der Formen auf einander erst
von innen heraus geschaffen. Die Gleichheit des stoff-
lichen Elementes (Stamm, Wurzel), welches in sämmtlichen Formen und Ableitungen eines Wortes wiederer-
kehrt, vermittelt das Gefühl für den etymologischen
Zusammenhang. Dagegen wird das Gefühl für das
Flexions- und Wortbildungssystem und für die Bedeutung der Flexions- und Ableitungssilben erst durch
Gruppierungen wie *gastes-armes-spruches* etc., *führung-
leitung-bereitung* etc. erzeugt, und zwar durch Vergleichung von Parallelreihen wie *gast-gastes-gäste* =
= *arm-armes-ärme* = *spruch-spruches-sprüche* etc. Durch
eine gewisse Analyse der Formen also, die bei der Herstellung der auf das Wortbildungs- und Flexionssystem
bezüglichen Vorstellungsgruppen statt findet[1], ergeben
sich für den Sprechenden die Muster und Regeln, nach
denen er einen grossen Theil seiner sprachlichen Producte gestaltet; denn auch bei den Erwachsenen spielt
die combinatorische Thätigkeit neben dem Gedächtnis
eine grosse Rolle. Die Bedeutung dieses Factors für
das Sprachleben wird gewöhnlich unterschätzt. „Die
Wirksamkeit der Gruppen", sagt Paul S. 68, „ist neben
dem Lautwandel, wenigstens in den unserer Beobachtung zugänglichen Perioden, der wichtigste Faktor in
der Sprachentwicklung. Man wird diesem Faktor nicht

---

[1] Vgl. Paul S. 64. Hierdurch erledigt sich was Curtius
S. 55 f. gegen mich und Andere bemerkt.

gerecht, wenn man ihn erst da anfängt zu beachten, wo er eine Veränderung im Sprachusus hervorruft. Ein Grundirrtum der älteren Sprachwissenschaft war es, dass sie alles, was von diesem Usus nicht abweichendes in der Sprache auftritt, als etwas bloss gedächtnissmässig reproduciertes behandelt hat, und die Folge davon ist gewesen, dass man sich auch von dem Anteil dieses Faktors an der Umgestaltung der Sprache keine rechte Vorstellung hat machen können. Zwar hat schon W. v. Humboldt betont, dass das Sprechen ein immer währendes Schaffen ist. Aber noch heute stösst man auf lebhaften und oft recht unverständigen Widerspruch, wenn man die Consequenzen dieser Anschauungsweise zu ziehen sucht."

Besonders bedeutend ist die combinatorisch schöpferische Thätigkeit des Individuums auf dem Gebiete der Wortbildung und noch mehr der Flexion. Da wir die meisten Formen der vielgliedrigen Systeme entweder nie gehört oder, wenn wir sie gehört, doch nicht im Gedächtnis besonders festgehalten haben, so bilden wir sie mit Hülfe der Gruppen, indem wir — natürlich unbewusst — die bekannten Grössen ins Verhältnis setzen und die vierte Unbekannte erschliessen.

Bei der Neuerzeugung durch analoge Nachbildung nach dem Muster der betreffenden Vorstellungsgruppe ist es für die Natur der productiven Thätigkeit gleichgültig, ob etwas herauskommt, was in der Sprache schon früher üblich gewesen ist, oder etwas vorher noch nicht Dagewesenes. Im letzten Falle genügt es, dass derjenige, der das vom bisherigen Usus Abweichende schafft, keinen Widerspruch mit dem Erlernten und Erinnerten empfindet.

Durch die Wirksamkeit der Gruppen ist jedem
Glied einer Sprachgenossenschaft die Möglichkeit und
die Veranlassung, den Usus zu überschreiten, in reichem
Masse gegeben. Zur Allgemeingültigkeit wird sich aber
eine Neubildung, die mit dem seither üblich Gewesenen
collidiert, in der Regel nur dann durcharbeiten, wenn
sie sich bei einer grösseren Anzahl von Individuen des
Verkehrskreises spontan und gleichzeitig entwickelt.
Dabei verhalten sich Analogiebildung und Lautwandel
insofern verschieden, als dort die Neuerung nicht notwendig eine Verdrängung des Alten herbeiführt (vgl.
Acc. Σωκράτην neben Σωκάτη, abulg. Gen. Sing. slova neben
slovese, nhd. Conjunctiv schwämme neben schwömme), hier
dagegen dieses stets der Fall ist (z. B. att. τιμή aus
τιμᾱ, nhd. schläfen aus släfen).[1]

Das Aufkommen und die Einbürgerung von Analogiebildungen stehen nun meistens in einem ursächlichen
Zusammenhang mit dem Lautwandel.

Durch die lautlichen Änderungen werden theils
die vorhandenen Gruppen im Verlauf der Sprachgeschichte ununterbrochen verschoben und zerstört,
theils werden neue hervorgerufen.

Der Lautwandel beeinträchtigt die Gruppierung,
lockert die Verbände, indem er zwecklose Unterschiede
zwischen zusammengehörigen Formen schafft. Vgl. ἐστί,
ἐστέ—εἰμί, homer. εἰμέν aus *ἐσμι, *ἐσμεν; κεῖμαι, κεῖσαι
— κέαται aus *κειαται; φέροντες, φερόντων — φέρουσι aus
*φερον(τ)σι; lat. con-cutio, -cutere — -cussi aus *-cutsi;
abulg. vlŭkŭ, vlŭka — vlŭci aus *vilkoi — vlŭče aus

---

[1] Künstliche Fortpflanzung des Alten durch Metrum, Schrift
u. dgl. (z. B. hom. -οιο neben -ου, nhd. heiland neben heilend)
geht uns hier nichts an.

vilke; *pekǫ, pekątŭ* — *pečeši* aus **pekeši*; die verschiedene Gestalt des Suffixes -*ti*- in att. πύστις — βάσις, lat. *hostis* — *messis*, got. *ansts* — *gabaúrþs* — *qiss;* mhd. Gen. Sg. *blindes*, Dat. Sg. *blindem,* Nom. Pl. *blinde*, dagegen *michels, michelme, michel.* Gegen diese Beeinträchtigung der Gruppierungsverhältnisse durch lautliche Veränderung ist ein Mittel zur Reaction in der Analogiebildung gegeben.[1] Jede Sprache ist unaufhörlich damit beschäftigt, unnütze Ungleichmässigkeiten zu beseitigen, für das functionell Gleiche auch den gleichen lautlichen Ausdruck zu gewinnen, sie sucht sich mit Hülfe der Analogiebildung allmälig immer wieder zu einem festeren Zusammenhalt und zweckmässigerer Gruppierung in Wortbildung und Flexion durchzuarbeiten. Von diesem Gesichtspunkt aus sind unzählige, überhaupt wol die meisten analogischen Neuschöpfungen in unsern indogermanischen Sprachen zu beurtheilen. Ich gebe Beispiele. Zunächst für stoffliche Ausgleichung. Att.

---

[1] Auch durch Bedeutungswandel d. h. durch Erweiterung und Verengung der Function z. B. eines Casus, eines Modus, einer Conjunction werden die Zusammenhänge vielfach gelockert und auseinandergerissen. Dabei stehen die Wirkungen des Lautwandels und die des Bedeutungswandels auf die Gruppierungsverhältnisse in Wechselbeziehung zu einander. Denn wenn durch lautliche Veränderung der Zusammenhang gelockert wird, so ist die notwendige Folge davon, dass sich auch ein Bedeutungswandel schwerer von einem Gliede der Gruppe auf ein anderes überträgt. Da nun die Gruppen das lautlich Gleichartige nur dann fest zusammenhalten, wenn ihm gleiche Bedeutung entspricht, so kann ihrer Wirksamkeit in der Richtung kein Einfluss eingeräumt sein, dass dieselbe auch den Zusammenhang des in Bedeutung und Function Differenzierten aufrecht zu erhalten oder solche Differenzierungen wieder aufzuheben vermöchte. Gegen die Zerstörung der Gruppen durch Bedeutungsverschiebung gibt es keine Reaction.

ἐσμὲν statt εἰμὲν nach ἐστὲ, ἔστι [1]; homer. κείαται statt κέαται nach κεῖμαι etc.; att. ἠμφί-εσμαι, -εσμένος statt (homer.) εἷμαι, εἱμένος nach ἠμφί-εσται; dial. φερόντ-εσσι, φερόντ-οις, um Gleichheit der Stammform gegenüber den andern Casus herzustellen, ebenso ἀρνάσι statt *ἀρα-σι, u. s. w.; ἐμοῦ statt μοῦ nach ἐγώ. Aind. tṛṇḗhmi, tṛṇḗkši statt *tṛṇahmi, *tṛṇakši nach tṛṇḗḍhi = *tṛṇaẓḍhi; Indic. dhattás, dhattḗ statt *daddhás, *daddhḗ nach dhatsḗ u. s. w. Russ. volk, volki gegenüber abulg. vlŭkŭ, vlŭci, kleinruss. pečú, pečéš gegenüber abulg. pekǫ (im Kleinruss. auch noch peku erhalten), pečeši, umgekehrt grossruss. dial. pekeš', peket nach peku neben älterem pečeš', pečet. Nhd. fliege, fliegst, fliegt statt des älteren fliege, fleugst, fleugt. Franz. aimons, aimez statt altfranz. amons, amez nach aime etc. Das grossartigste Beispiel solcher Ausgleichung bietet, wie schon Paul S. 104 bemerkt hat, die durch urindogermanische Accentverschiedenheiten ins Leben gerufene Vocalabstufung, deren Reste zu beseitigen sich zum Theil noch die jetzt lebenden indogermanischen Sprachen bemühen. Beispiele formaler Ausgleichung sind att. ἔστησα nach ἔδειξα ἔγραψα (S. 52), homer. Conj. στήομεν, θήομεν nach ἴομεν, φυλάξομεν (die lautgesetzlichen Formen sind die wie arkad. ἴσταται), mhd. micheles, michelem, michele nach blindes, blindem, blinde.

Seltner wird anderseits durch lautgesetzliche Wirkung ein Verband ins Leben gerufen, der vorher nicht da war oder wenigstens nicht mit gleicher Attractions-

---

[1] Wie empfindlich der Lautwandel die Symmetrie des Formensystems zu zerstören im Stande ist, mag die Formendreiheit *μεν, *στε, *αντι (att. *ᾱσι) zeigen, die für das Griechische auf Grund von aind. smás, sthá, sánti vorauszusetzen ist.

stärke da war, indem verschiedene Wortformen in Folge
der Wirksamkeit der Lautgesetze zusammenfallen, z. B.
gr. ὅς 'welcher' aus *ἰos und ὅς 'sein' aus *sυos, εἶ 'gehst'
aus *εἶσι und εἶ 'bist' aus *ἐσι, nhd. *laden* 'onus impo-
nere' aus ahd. ˙*hladan* und *laden* 'invitare' aus ahd. *ladōn*.
In solchen Fällen ist die Analogie oft ebenfalls zur
Herstellung angemessenerer Gruppierungsverhältnisse
thätig, indem durch Neubildung für eine auch äusser-
liche Scheidung des functionell Verschiedenen gesorgt
wird. So aind. *ásĭš, ásīt* für *ás* (= *ās-s), *ắs* (= *ās-t),
ádas, ádat für *ắt* = *ād-s, *ắt* = *ād-t;* gr. Neutr.
ἑστός für *ἑστώς = ἑστάός wegen des Masc. ἑστώς =
ἑστἄώς; böot. phok. ἱστάνϑω 3. Plur. Med. für ἱστάσϑω
⸗ *ἱστανσϑω (vgl. phok. ϑέστων = *ϑενσϑων) wegen
der 3. Sing. ἱστάσϑω[1]; spätgriech. 3. Plur. ἐφέροσαν,
ἐμάϑοσαν statt ἔφερον, ἔμαϑον (-ον = *-οντ) zur Unterscheidung von der 1. Sing.; lat. *deorum* statt *deum* mit
Rücksicht auf *deum* acc. sing.; im Slavischen im Gen.
Pl. der *o*-Stämme *-ovŭ* (von den *u*-Stämmen entlehnt)
statt *-ŭ* wegen der Dreideutigkeit dieses Ausgangs[2];
nhd. *ich biss* nach *wir bissen* für *ich beiss* wegen der
formalen Berührung mit dem Präsens *ich beisse*. In
den meisten Fällen wird man freilich zweifelhaft sein
können, ob zu solchen Neubildungen mehr der Trieb,
sich deutlich auszudrücken, oder das Ausgleichungsbestreben den Anstoss gegeben hat, oder ob beide
Factoren gleichmässig zusammengewirkt haben. Vgl.

---

[1] Ἱστάνϑω als eine rein lautliche Fortsetzung von *ἱστανσϑω
zu betrachten (Blass, Rhein. Mus. XXXVI 610) verbieten die Lautgesetze.

[2] Vgl. Vetter, Zur Geschichte der nominalen Declination im
Russischen 1883 S. 30 f.

noch das ἔσθι des Hekatäus, das gewiss Neubildung für ἴσθι = vorgriech. *zdhi ist, und für dessen Entstehung sowol der Drang, der Concurrenz mit ἴσθι 'wisse' auszuweichen, als auch der von den Formen ἔστω, ἔστε u. s. w. ausgehende Zug in Betracht kommt. Aber wenn auch das Ausgleichungsbestreben in solchen Fällen vielleicht der zunächst allein wirkende Factor war, so wurde doch die Erhaltung und Verbreitung der Neubildung sicher vielfach durch den Umstand, dass so eine Differenz der Formen hergestellt war, wesentlich begünstigt.

Hiernach ist die Analogie heute nicht mehr der fatale Trieb, der nur dazu da ist, die geraden Wege lautlicher Fortentwicklung der Sprachen zu durchkreuzen, sondern wir wissen, dass sie neben der mechanischen Kraft des Gedächtnisses [1] ein höchst wichtiger Factor bei der Erlernung und Ausübung der Sprache ist, indem sie zwischen früherer und späterer Sprechthätigkeit eine leichtere Vermittlung herstellt als diejenige ist, welche auf der Gedächtniskraft beruht, und dass sie überdiess die Aufgabe hat, einerseits gegenüber der formzersplitternden Wirkung der Lautgesetze einen festeren Zusammenhang des Zusammengehörigen herzustellen und anderseits den unzweckmässigen laut-

---

[1] Mit Curtius' „conservativem Trieb" ist doch wol nichts andres als das Gedächtnis gemeint, das freilich kein Trieb ist und natürlich nur im einzelnen Menschen reale Existenz hat. Da Curtius von Trieb redet, so scheint es fast, als setze er im Menschen neben der Gedächtniskraft eine Empfindung voraus für den Entwicklungsgang, den die Sprachformen in den Seelen der Vorfahren genommen hatten. Dass diess auf eine nichtige Abstraction hinausliefe, braucht kaum bemerkt zu werden.

lichen Zusammenfall von functionsverschiedenen Formen
wieder aufzuheben.[1]

Eine andre unberechtigte Anschauung der älteren
Sprachwissenschaft, der Curtius wieder das Wort redet,
ist die, dass Analogiebildungen in weiterem Umfang
nur in jüngeren Sprachentwicklungen vorkämen. Curtius
meint: jüngere Perioden weisen mehr solche Bildungen

---

[1] Ich hatte mit Rücksicht auf die alte Anschauung, dass
die Analogie etwas Krankhaftes in der Entwicklung der Sprachen
sei, in den „Studien" IX 317 gesagt: „Will man an die Kräfte,
die die Fortentwicklung der Sprachen bedingen, im Hinblick auf
ihre Wirkungen den Massstab des Wertes legen, so könnte man ...
das Wirken der falschen Analogie als etwas für die Sprachen
höchst Förderliches hinstellen und behaupten, diese Kraft habe
als 'die segenreiche Himmelstochter, die das Gleiche frei und
leicht und freudig bindet', erst die wahre Harmonie im Sprachbau
hervorgebracht." Dabei glaubte ich annehmen zu dürfen, dass
der Leser wisse, wen Schiller als die segenreiche Himmelstochter bezeichnet. Curtius macht jetzt meine Worte, die doch
wol verständlich genug waren, zum Nonsens, indem er sagt
(S. 38): „Das klingt freilich ganz anders, als wenn ein be-
geisterter Verehrer dieser Erscheinung sie Stud. IX 318 als
'eine[!] segensreiche [corrige: segenreiche] Himmelstochter' bezeichnet", und (S. 47) von „den begeistertsten Verehrern 'der
Himmelstochter'" redet. Ich möchte bei dieser Gelegenheit nicht
unerwähnt lassen, dass es mir bei der Lectüre der Curtius'schen
Schrift den Eindruck gemacht hat, als bleibe der Herr Verfasser
überhaupt zu sehr an Äusserlichkeiten der Terminologie hängen
und versäume darüber, auf die Sache selbst einzugehen. Was
hat es auch z. B. für einen Sinn, mit Bezug auf Stud. IX 322
mich die Analogie als „stumpfsinnige Übertragung" bezeichnen zu
lassen, als hätte ich damit einen neuen Namen für „die viel-
namige Spracherscheinung" schaffen wollen (S. 37)? Ich sagte
dort, vielleicht beruhe die Länge des $\bar{\imath}$ von lat. *cepi-stī* „auf einer
stumpfsinnigen Ausdehnung" des $\bar{\imath}$ von *cepī*, *cepīt*. Ich hatte
bei dieser Ausdrucksweise im Sinne, dass das $\bar{\imath}$ vom Stamm auf
die Personalendung übergegangen wäre. Dafür war der
Ausdruck „stumpfsinnig" allerdings mehr als kühn und unge-
schickt. Aber warum ihn so urgieren?

auf als ältere, und es ist gewiss kein Zufall, dass man
„vorzugsweise in neueren Sprachen zuerst" auf sie aufmerksam geworden, daher können sie nur in jüngeren
Perioden für wahrscheinlicher gelten. Dass die zweite
Prämisse keine durchschlagende Kraft hat, wird Curtius
wol selbst zugestehen, zumal da er S. 33 ff. gezeigt
hat, dass schon die alexandrinischen Grammatiker in
der altgriechischen Sprache Analogiebildungen ausfindig
machten. Der ersten gegenüber [1] gebe ich Folgendes
zu bedenken.

Je mehr wir uns bei der Betrachtung von Sprachentwicklungen, die wir durch viele Jahrhunderte hindurch an der Hand von Denkmälern verfolgen können,
der Gegenwart nähern, um so unzweifelhafter müssen
Analogiebildungen als solche für jeden erkennbar
werden. Denn die Thatsachen der in der Überlieferung überschaubaren Vorgeschichte geben für die
Auffassung die unmittelbare Directive. Haben wir es
dagegen mit Entwicklungsphasen wie dem Vedischen
und dem Homerischen zu thun, deren Vorleben uns
nicht überliefert ist, so hängt alles in dieser Hinsicht
von unsrer grammatischen Combination ab. Wer sich
nun von vorn herein einredet, in den älteren Sprachperioden sei Analogiebildung nur etwas Sporadisches,
und bei der Bestimmung des zwischen den aind.,
agriech., alat. u. s. w. Formen und denen der Grund-

---

[1] An die Bemerkung, dass der Neubildung Σωκράτην statt
Σωκράτη sich erst in viel jüngerer Zeit Σωκράτου statt Σωκράτους
zugesellt habe, knüpft Curtius S. 78 die Worte an: „Die spätere
Sprache zeigt sich also auch hier wieder reicher an solchen Um-
bildungen als die ältere". Ein gleichartiger Gedankengang findet
sich S. 74. Aber Σωκράτην hat doch die Form Σωκράτου nach
sich gezogen und mit erzeugt!

sprache bestehenden Causalverhältnisses sich der von
mir in Kuhn's Zeitschrift XXIV 51 ff. und Morphol.
Unters. I 137 f. charakterisierten Additionsmethode be-
dient, für den braucht es natürlich keine oder nur
einige wenige Analogiebildungen in den ältesten Sprachphasen zu geben. Und kann denn nun daraus, dass
die ältere Sprachwissenschaft für solche Zeiten selten
Analogiewirkung angenommen hat, gefolgert werden, dass diese „jedenfalls nur in jüngeren Perioden
der Sprache für wahrscheinlicher gelten könne"? Das
wäre nur ein Zirkelschluss. Nach den Forschungen
Steinthal's, Whitney's, Paul's u. A. sollte doch heute
klar sein, dass man kein Recht hat zu der Annahme,
in älteren Zeiten seien wesentlich andre Factoren in
der Sprachentwicklung wirksam gewesen als in jüngeren,
oder zwar dieselben wie in diesen, aber in wesentlich
andrer Weise. Freilich beruft sich Curtius zu Gunsten
seiner Ansicht auf eine Bemerkung von Paul, welche
zeigen soll, dass man „für frühe Zeiten ein grösseres
Festhalten des ursprünglich geschaffenen" vermuten
dürfe. Paul ist aber von Curtius misverstanden worden. Denn er spricht an der betreffenden Stelle wie
in seinem ganzen Buche nur von dem Bewusstsein des
einzelnen Menschen, während Curtius sich ein
— nicht existierendes, nur abstrahiertes — Bewusstsein der Zeiten und Völker vorstellt.

Dass die Analogiebildung schon in vorhistorischen
Zeiten eine bedeutende Wirksamkeit entfaltet hat, ergibt sich am unmittelbarsten und klarsten aus der
grossen Differenz, welche zwischen den verschiedenen
indogermanischen Sprachen zu der Zeit, wo ihre Überlieferung beginnt, zu beobachten ist.

Dass man vom Evidenten ausgehen müsse, ist auch
meine Ansicht. Das Evidente ist aber, dünkt mich,
das, dass wir bei keiner Form, deren Platz in der
geschichtlichen Entwicklung der Sprache wir zu bestimmen suchen, von vorn herein sicher sind, ob sie
von dem Individuum, welches sie gebraucht hat,
bloss gedächtnismässig produciert oder selbst geschaffen
worden ist. Es mag allerdings manchem vorsichtig
erscheinen, bei der Betrachtung der Geschichte der
Sprachformen die Analogie und Formübertragung aus
dem Spiele zu lassen. Aber diese vermeintliche Vor-
sicht ist thatsächlich nur eine grosse Unvorsichtigkeit.
Denn man kommt dazu, das für lautliche Umwandlung
auszugeben, was vielmehr durch Analogie entstanden
ist; wie man an hunderten von Beispielen zeigen
könnte. Und ein solcher Fehler wirkt, worauf ich
Stud. IX 320 und Paul in seinen Beitr. VI 14 hingewiesen haben, meist viel schädlicher als wenn man
umgekehrt einmal für Analogieproduct ansieht was
lautgesetzliche Umbildung ist. Denn an die Annahme
einer Formassociation knüpft man in der Regel keine
Folgerungen für andre Wörter, während man beim
Lautprocess aus einem Fall oft für viele andre Formen
Consequenzen zieht.

Man hat in jedem einzelnen Falle erst zuzusehen,
ob die Form frei von dem Verdachte ist, eine Analogiebildung zu sein, oder nicht. Wenn ein Ionier oder
Attiker ἔστι sprach, so sind wir sicher, dass er diese
Form mit Rücksicht auf ihren Ausgang rein gedächtnismässig reproducierte. Denn eine andre 3. Sing. auf
-τι, nach der ἔστι hätte gebildet werden können, gab

es in diesen Sprachgenossenschaften nicht. Dagegen sind die Formen auf -σι wie πίμπλησι Glieder einer Gruppe, und wir wissen im einzelnen Falle nicht, ob nur das Erinnerungsbild wirkte oder eine analoge Nachbildung nach den in der Vorstellungsgruppe gegebenen Mustern stattfand oder beide Factoren zusammenwirkten. Und wie im letzten Fall verhält es sich in der Regel. Erst wenn man diese Erwägung angestellt hat, darf man daran gehen, Lautgesetze zu abstrahieren, und hier hat man sich allemal zunächst an die Formen zu halten, welche ausserhalb des Verbandes eines Formensystems stehen. Jenes ἐστι ist uns ein gültigerer Zeuge für das Gesetz, dass in der Verbindung -στι- der Explosivlaut im Ionisch-Attischen verblieb, als z. B. πίστις oder πύστις. Denn bei diesen Formen könnte daran gedacht werden, dass τ nach den Casus wie πίστεως, πύστεως, in denen τ des folgenden ε wegen bleiben musste, restituiert wäre. Ebenso stützen wir die Gleichung -πτ- = idg.-qt- zunächst auf πέμπτος (lat. quin(c)tu-s, lit. pènktas), nicht auf Formen wie λειπτέον, πεπτός; denn dort ist die Möglichkeit analogischer Beeinflussung nicht abzusehen, während hier π aus den Formen wie λείπω, πέψω eingeführt sein könnte. Von solchen Formen also wie ἐστι und πέμπτος muss immer ausgegangen werden, und es ergibt sich von ihnen aus meist leicht die Entscheidung darüber, ob etwas, was in einer Sprachgenossenschaft neu auftaucht, Analogiebildung ist oder nicht. Es kommt bei der Entscheidung über lautgesetzliche Wirkungen — das wird immer noch oft übersehen — viel weniger auf die Anzahl der Sprachformen an als auf ihre Art, d. h. ihre Gruppierungsverhältnisse. Weiteres hierüber bei Paul in seinen Beitr. VI 7 ff.

S. 46 sagt Curtius: „Ich würde lieber sagen, wir
seien sowohl in Betreff der Lautbewegung, als in Betreff der Analogiewirkungen noch weit von einem defi-
nitiven Abschluss entfernt, und es bleibe eben noch
recht vieles dunkel, so dass wir uns mit grösserer und
geringerer Wahrscheinlichkeit begnügen müssten. Man
sieht daraus, dass es eine unabweisliche Aufgabe der
Wissenschaft sein muss, soll sie nicht in subjective Meinungen und Willkür verfallen, nicht bloss das Gebiet
der Laute, sondern auch das zweite Gebiet genauer zu
umgrenzen. Es kommt darauf an, für die Wahrscheinlichkeit der Analogiebildungen Kriterien zu gewinnen,
damit wir die falschen Behauptungen der Art ... von
den unstreitig vorhandenen richtigen einigermassen zu
unterscheiden vermögen." Diess und das Nachfolgende
erweckt notwendiger Weise den Schein, als wenn die
Gelehrten, gegen die sich Curtius wendet, es bis jetzt
gar sehr an der Erfüllung der selbstverständlichsten
Forderungen hätten fehlen lassen, ja sich noch kaum
bewusst geworden wären, worauf es ankäme. Ich er-
laube mir daher zunächst meine Worte Morph. Unters.
I p. XVIII herzusetzen: „Es ist noch nicht lange her,
dass man den Anfang gemacht hat dem Analogie-
princip zu seinem Rechte zu verhelfen. Es ist daher
einerseits sehr wahrscheinlich, ja sicher, dass hie und
da in der Annahme von Formassociationen Fehlgriffe
geschehen sind, anderseits aber auch, dass man allmälig,
namentlich wenn die modernen Sprachen auf ihre Analogiebildungen hin noch umfassender untersucht sein
werden, allgemeinere Gesichtspunkte finden wird für
die sehr verschiedenartigen Richtungen der Association;
hierdurch wird sich dann wol auch allmälig ein Grad-

messer für die Wahrscheinlichkeit der Associations-
annahmen feststellen lassen." Bald darauf erschienen
Paul's 'Principien', ein Buch, in dem die Frage der
Analogiewirkung nach ihrer principiellen Seite hin um-
fassend behandelt und wenigstens ein Haupttheil der
Curtius'schen Forderung erfüllt und, wie ich meine,
glücklich erfüllt ist. Mir scheint, Curtius hat dieses Buch
bis jetzt nur erst sehr flüchtig durchblättert. Nur so vermag ich mir die Nichtberücksichtigung der Paul'schen
Forschungen hier und an vielen andern Stellen unsrer
'Kritik' zu erklären.[1] Unter dem, was Curtius selbst
S. 47 ff. zur Methodik der Analogie beibringt, ist nichts,
was nicht schon von Andern gesagt worden wäre.

Zum Schluss noch einige Einzelheiten.

S. 43: „Von einem Versuch, diese Endungen [-ος
und -σιο im Gen. Sing.] unter einander auszugleichen
oder zu contaminieren, etwa zu *-σιος oder zu *-οος, ist
nichts bekannt." Die Verbindung *-σιος als einzeldia-
lektisches Contaminationsproduct nahm Bopp, Vergleich.
Gramm. II³ 104 in dor. ἐμέος, τέος, τεοῦς, ἑοῦς an. S.
auch Kuhn's Zeitschr. XXVII 414 f.

S. 50 wird mir, mit Bezugnahme auf Morph. Unters.
III 79, die Ansicht zugeschrieben, die Adverbia wie

---

[1] S. 3 sagt Curtius von Paul's 'Principien' und Delbrück's
'Einleitung': „Diesen Schriften werde ich manches entnehmen,
dem auch ich mit Überzeugung beistimme. Aber die Kritik der
bisherigen Auffassungen kommt auch in jenen Schriften meines
Erachtens nicht ganz zu ihrem Rechte. Beide sind wesentlich
eine Empfehlung und Auseinandersetzung der neuen Principien."
Nur an zwei Stellen, S. 14 und 66, hat Curtius Bemerkungen
aus Paul's Schrift in suum usum zu verwerten gesucht, und an
der ersten Stelle hat er Paul wahrscheinlich, an der zweiten
sicher missverstanden. S. oben S. 66 und 88.

ἀνω-τέρω, κατω-τέρω seien die Quelle und der Ausgangspunkt für Adjectivbildungen mit innerem *ω*, wie *σοφω-
τερος* geworden, was nicht als glaublich gelten könne.
Ich habe als Ausgangspunkt für diese Adjectivbildungen
vielmehr die „Ablativadverbien auf -*ω(δ)*", d. h. *σοφῶ-ς,
καλῶ-ς* u. s. w. bezeichnet und verwies auf aind. *uccāis-
-tara-* u. dgl. Und während ich meine Auseinandersetzung mit den Worten begann: „So ist mir wahrscheinlich, dass der bekannte Wechsel zwischen -*ότερος*
und -*ώτερος*, obwol er sich in s p ä t e r e r Z e i t nach
einem Quantitätsprincip geregelt zeigt, doch nicht" u. s.w.,
sagt Curtius: „Die bekannte Thatsache, dass das *ω*,
von einzelnen poetischen Freiheiten [?] abgesehen, gerade
nur bei Stämmen mit kurzem Vocal in der vorhergehenden Silbe sich festgesetzt hat, scheint Brugmann
nicht einmal der Erwähnung werth zu sein." (!) Ich glaube
übrigens trotz *ποδήνεμος, ὠφελής* u. dgl., die ich Stud.
IX 398 fälschlicher Weise mit *σοφώτερος* zusammen-
gebracht hatte und auf die sich Curtius zu Gunsten
seiner Auffassung beruft, und trotz dem Aufsatz meines
Freundes de Saussure in den „Mélanges Graux" p. 737
sqq. (vgl. zu demselben meine Bemerkungen in Kuhn's
Zeitschr. XXVII 590 f.) an der in den Morph. Unters.
III 79 vorgetragenen Ansicht festhalten zu müssen.

S. 52 f. ist die Rede von den kretischen Plural-
accusativen wie *φοινίκ-ανς, βαλλόντ-ανς*, deren Ausgang
Osthoff und ich (Paul - Braune's Beitr. III 197, Stud.
IX 299) als Umbildung von älterem -*ᾰς* (= aind. -*as*,
idg. -*n̥s*) nach dem Muster von *πρειγευτά-νς* u. s. w. an-
sahen, worin uns G. Meyer, Griech. Gramm. S. 300 mit
den Worten beistimmte: „Die Formen *φοινίκανς ἐπι-
βαλλόντας στατήρανς* sind nichts irgendwie ursprüngliches,

sondern Analogiebildung nach den Accusativen auf -*ανς*
von *ᾱ*-Stämmen." Curtius findet in diesen Worten „eine
den eigenen Zweifel verrathende Emphase" und weist
unsre Erklärung ab, weil die consonantischen Stämme
mit den *ᾱ*-Stämmen nachweislich keine Berührung hätten.
Letzteres ist nicht richtig. In den Ber. d. sächs. Ges.
d. Wiss. 1883 S. 187 ist gezeigt, dass im Urgriechischen[1]
die Accusativausgänge -*ονς* und -*ανς* der *ο*- und der *ᾱ*-
Stämme vor consonantischem Wortanlaut zu -*ος* und -*ᾱς*
wurden (*τὸς παῖδας*, aber *τὸνς ἄνδρας*). Daher in verschiedenen Mundarten die Formen wie *θεός, καλᾱ́ς* u. s. w.
(Morsbach, Stud. X 4 ff., G. Meyer, Griech. Gramm.
S. 302). Da nun im Kretischen -*ος* neben -*ονς* direct
nachgewiesen und demnach auch anzunehmen ist,
dass -*ᾱς* neben -*ανς* gesprochen wurde (z. B. Cauer
Delectus[2] n. 119) — die Kürze des *α* ist natürlich nicht
unmittelbar zu constatieren —, so lag in dem -*ᾱς* der
ᾱ-Stämme in diesem Dialekt die von Curtius vermisste
Berührung mit den consonantischen Stämmen. Das
Nebeneinander von -*ᾱς* und -*ανς* wurde auf diese letzteren übertragen. Um so leichter mochte sich diese
Neubildung vollziehen, wenn auch die Kreter Doppel-
formen wie *κρόξ* und *κρόκη* (Leo Meyer, Vergleich. Gramm.
II 173) besassen. Man mag hiernach auch berichtigen,
dass Curtius S. 127 von mir sagt, ich hätte bei *ἐς* neben
εἰς und bei *δαίμοσι, ποιμέσι*, welche zeigten, dass *ν* vor
σ auch ohne Ersatzdehnung verklinge, Formen wie Acc.
Plur. *ἵππος, χῶρᾱς* „übersehen", bei denen der Ausfall eines
ν unabweisbar sei. Dass kein Übersehen vorliegt, konnte
Curtius auch schon aus Stud. IV 77 und 78 entnehmen.

---

[1] Das betreffende Lautgesetz wirkte nur urgriechisch. *Πεῖσμα*
'Tau', *ἔσπεισμαι* u. a. werde ich bei andrer Gelegenheit erledigen.

S. 56, wo Curtius auf die vielerörterte Frage zu
sprechen kommt, ob es denkbar sei, dass eine einzelne
Form oder einige wenige Formen eine grössere Anzahl
von Neubildungen nach sich ziehen könne, sagt er,
von den Annahmen, die etwas ganz vereinzeltes als
Vorbild einer grossen Masse erscheinen lassen, sei ihm
„keine einzige glaublich". Auf der folgenden Seite
heisst es dann: „Brugmann, Morphol. Unters. III, 49,
nimmt an, die italienischen Perfecten auf *-etti*, z. B.
vendetti, fremetti, seien sämmtlich Nachbildungen von
ital. *stetti* = lat. *steti*.[1] Allein das beruht auf einem
Irrthum. In Wirklichkeit gibt es, was ich Schuchardt
(Voc. des Vulg. I, 35) entnehme, im Italienischen 29
Perfecta auf *-etti*, welche jedoch nicht alle unmittelbar
von *stetti* ausgehen. Die auf *-detti*, 13 an der Zahl,
wie *vendetti* = *vendidi*, *credetti* = *credidi*, stammen
viemehr vom lat. *-didi*. Höchstens der harte Explosivlaut könnte seine Quelle in dem ganz vereinzelten *stetti*
haben (Osthoff, M. U. IV, 3). Von da verbreitete sich
allerdings die Bildung weiter. Aber schon im Spät-
lateinischen finden sich Missbildungen wie das jenem
credidi, vendidi nachgebildete *pandidi*. Diese Formen
sind offenbar die Vorläufer der weiter wuchernden italienischen ‹Perfecta auf *-detti*." Ich constatiere zweierlei.
1. In meinen Worten Morphol. Unters. III 26. 49 weist
nichts darauf hin, dass ich alle Formen auf *-etti* direct
und allein von *stetti* habe ausgehen lassen, vielmehr
habe ich mich für *vendetti* statt *vendidi* u. dgl. aus-
drücklich auch auf *detti*, welches für *diedi* nach der

---

[1] Ich sagte: „*stetti* = lat. *steti stiti*". Vgl. Osthoff, Morph.
Unters. IV 3.

Analogie von *stetti* eingetreten ist, berufen, wie auch Schuchardt a. a. O. die Umbildung von *vendidi* in *vendetti* mit *detti* in Zusammenhang bringt. Es ist also ein Irrtum, mir Irrtum vorzuhalten. 2. Auch Curtius lässt das -*tt*- aller Formen auf -*etti* von dem einen *stetti* ausgegangen sein, folglich glaubt er an das, was er kurz zuvor als ihm nicht glaubhaft bezeichnet hatte.[1]

Auf S. 57 heisst es weiter: „Um kühnere Annahmen dieser Art glaubhaft zu machen, hat Brugmann Morph. Unters. I, 82 unter Zustimmung Delbrück's Einleitung S. 107 auf die Möglichkeit aufmerksam gemacht, dass durch allmähliche Fortsetzung der Analogiebildung aus einigen wenigen, ja sogar aus einer einzigen Form nach und nach eine grosse Menge sich hätte bilden können. Aber hier gilt das Wort Misteli's 'möglich ist vieles'. Es fragt sich aber, was wahrscheinlich ist, und das wird man von solchen Annahmen gewiss nicht sagen, auch

---

[1] Es gibt übrigens noch andre Fälle, in denen e i n e Form viele nach sich gezogen hat und an die auch Curtius wird glauben müssen. Z. B. die Übertragung des -*du* von serb. *dadu* 'dant' auf die 3. Plur. beliebiger andrer Verba. Der Entwicklungsgang war dieser. Die alte regelmässige 3. Pl. von *dati, dade* = abulg. *dadętĭ*, wurde durch die Neubildung *dadu*, nach den übrigen 3. Plur. auf -*u*, ersetzt; die andern Personen aber (abulg. *damĭ, dasi, dastĭ* etc.) gingen in die Form der abgeleiteten *a*-Stämme über, daher *dam, daš, da* etc. Die nächste Folge war, dass man zu *znam, znaš, zna* etc. eine 3. Pl. *znadu* schuf. Weiter nun wurde einerseits zu *dadu, znadu* hinzugebildet *dadem, dadeš, dade* etc., *znadem, znadeš, znade* etc. (Proportion *nesu : nesem* = *dadu : dadem*), anderseits, was im Volksdialekte des Banats geschah, -*du* als ein Suffix der 3. Plur. empfunden und beliebig angehängt, z. B. *padadu* (1. Sg. *padam*), *mislidu* (1. Sg. *mislim*), *zovedu* (1. Sg. *zovem*), zu welcher Bewegung das Verhältnis *dam : dadu* den Anstoss gab (*dam : dadu = padam : padadu* etc.). Vgl. Jagić 'Das Leben der Wurzel *dě* in den slavischen Sprachen' (Wien 1871) S. 69 f.

wenn wirklich, wie an den angeführten Stellen behauptet
wird, in einzelnen neueren slawischen Sprachen die
Endung -*mĭ*, -*m* der 1. Sing. sich von vier älteren Formen der Art auf alle Conjugationsclassen verbreitet
haben sollte. Es scheint mir überdies sehr gewagt,
aus Vorgängen eines einzelnen Sprachkreises [was heisst
das?] Schlüsse auf ein andres Gebiet zu ziehn, wie das,
welches uns hier zunächst beschäftigt [es sind Altgrie-
chisch, Lateinisch und Altindisch gemeint]. Hier folge
ich der alten, goldnen Regel: qui bene distinguit bene
docet". Warum gerade h i e r die distinctio so angemessen sei, hätte uns Curtius doch angeben sollen.
Wer sich, wie er, als comparativer Sprachforscher
zu dem Satz bekennt, dass die verschiedenen indog.
Sprachen einander aufzuklären vermögen, und wer. z. B.
die für die graue Vorzeit der idg. Grundsprache angenommene Verkürzung der Personalendung -*mi* zu -*m*
durch den vergleichenden Hinweis auf die Verkürzung
von nhd. *es* zu *s* in *ist's* und *s'ist* zu stützen sucht
(S. 149 der Curtius'schen Schrift)[1], von dem waren
hier Gründe zu erwarten statt einer Redewendung,
hinter der sich, wie sie dasteht, doch nur ein ganz
subjectives Belieben zu verbergen scheint.

---

[1] Vgl. auch Verbum II [2] 39 Anm.

III.

Die Richtigkeit einer Hypothese
bemisst sich darnach, ob sich aus ihr
die in Betracht kommenden Thatsachen
gut erklären lassen. Zu verwerfen ist
sie, wenn das nicht gelingt, oder wenn
sich die Thatsachen durch eine andre
Hypothese besser erklären lassen.
Curtius, Zur Kritik u. s. w. S. 92.

Curtius' dritter Abschnitt handelt von den beiden
Vocalismustheorien, der älteren, derzufolge die idg.
Ursprache nur erst *a,* noch nicht *e* und *o,* besass, und
der neueren, nach welcher die Verschiedenheit *a, e, o ·*
in die Zeit der Urgemeinschaft hinaufreicht. Es soll
jene gegen diese vertheidigt und die Unzulänglichkeit
dieser dargethan werden. S. 91: „In dieser Frage war
das Urtheil der meisten allzu schnell fertig, so dass
man nach kaum eröffnetem und wenig ernsthaftem
Kampf gegen die frühere Ansicht schon das Gesammt-
urtheil in einer Frage von grosser Tragweite für abgeschlossen hielt." S. 95: „Zunächst wäre es doch wohl
am Platze gewesen, zu sagen, warum denn die alte
Lehre zu verwerfen, oder wenigstens warum die neue
ihr vorzuziehen sei. Dies ist so gut wie gar nicht geschehen, und wo man es versucht hat, ist nach meiner
Überzeugung die Antwort nicht gelungen." S. 96: „Im
grossen und ganzen ist nichts andres geschehen, als
dass man an die Stelle der alten eine neue Hypothese
gestellt hat. Man hat in diesem Falle wie in vielen
andern das schwer begreifliche als von Anfang an gegeben hingestellt und damit das weitere Fragen vielfach abgeschnitten."
Ich kann mich nicht davon überzeugen, dass diese

Bemerkungen das Richtige treffen. Wir Jüngeren
haben mit Gründen operiert, und die bis heute gegen
die alte und für die neue Theorie vorgebrachten Argumente sind so gewichtig, dass mir die frühere Ansicht
definitiv beseitigt und die neue Lehre so wol fun-
damentiert erscheint wie der Ansatz der meisten andern
idg. Laute, die auch Curtius der Ursprache zuschreibt.
Zur Begründung dieses Urtheils gehe ich auf Curtius'
Argumente etwas näher ein.

S. 93: „Brugmann geht von einem jener Axiome
aus, deren Werth wir im ersten Abschnitt dieser Schrift
erwogen. Die Annahme, dass unter ganz denselben
Verhältnissen ein Laut in einem Theil der Formen auf
diesem, in einem andern Theil auf jenem Wege [aus
*αg- $\ddot{\alpha}\gamma$-ω, aus *ad- $\ddot{\varepsilon}\delta$-$\mu\varepsilon\nu\alpha\iota$, aus *$ad$- $\delta\delta$-$\mu\acute{\eta}$] umgestaltet
worden sei — etwa in Folge der Laune der sprechen-
den —, widerstreitet den heutzutage mehr und mehr
zur Geltung kommenden methodologischen Principien
durchaus.' Meiner Ansicht nach kommt es auf derartige a priori construirte Principien viel weniger an
als auf die Thatsachen der Sprachen und deren wahrscheinlichste Deutung." Dass Curtius das in Rede
stehende Princip in seinem Abschnitt über die Lautgesetze nicht irgendwie widerlegt, ja überhaupt kaum
berührt hat, sahen wir S. 58 ff. Ich muss daran festhalten, dass die Wissenschaft methodischer Principien
nicht entbehren kann, sonst ist das, was man für die
„wahrscheinlichste Deutung" ausgibt, leicht doch nur
subjectives Belieben und hat für niemanden bindende
Kraft. Curtius fährt fort: „Bei der Verschiedenheit der

7*

Mundarten begegnen wir ja häufig einem für's erste
wenigstens unerklärten mannichfaltigen Wechsel der
Laute und gerade vorzugsweise der vocalischen"; es wird
dann auf arkad. ἄλλυ gegenüber dem ἄλλο der andern
Mundarten u. dgl. verwiesen und geschlossen: „Man
bringt den mundartlichen Lautwechsel nicht aus der
Welt." Was die mundartlichen Verschiedenheiten hier
sollen, verstehe ich nicht. Es handelt sich um die Spaltung desselben Lautes (α) in demselben Dialekt, nemlich
in der von Curtius vorausgesetzten europäisch - armenischen Ursprache. Stellt sich Curtius diese Grundsprache etwa als dialektisch gespalten vor, und meint
er, in der einen Mundart sei α α geblieben, in der andern zu e geworden? Das würde zu keiner Erklärung
führen, denn α und e gehen ja vielfach in denselben
Wörtern durch alle Sprachen, die aus der europäisch-
armenischen Ursprache entstanden sein sollen, gleichmässig hindurch. Ich komme also hier zu keiner Einsicht und gehe zu der einzigen andern Stelle über, die
etwas wie ein Argument zu enthalten scheint, S. 95:
„Die ganze Erscheinung, die ich 'Spaltung' nenne, wird
dann viel weniger befremdlich, wenn sie bei einem
damals einheitlichen Volke gemeinsam eintrat und in
weitem Umfange regelmässig sich geltend machte, so
in der Stammsilbe des Präsens zahlreicher Verba der
E-Laut, in derselben Silbe bei Substantiven der O-Laut.
Es war darnach ja nicht im mindesten von einer 'Laune'
der Sprache die Rede, sondern es gelang wenigstens
vielfach, die einzelnen Phasen des alten kurzen α für
bestimmte Stellen der Wörter nachzuweisen." Nicht
im mindesten von einer Laune? Woher denn ἄγω, aber
ἔδω; αἴθω, aber λείπω; ἵστᾱμι, aber τίθημι und δίδωμι;

ἄγος, aber ἔπος; ἁγνό-ς, aber σεμνό-ς; ἄπο, aber ἔπι u. s. w.? Und was soll der Hinweis auf die bestimmten Stellen der Wörter, da es sich nur um einen Lautwandel handelt? Ich kann nicht finden, dass jenes mein Argument gegen die Spaltungstheorie hier irgendwie entkräftet ist. Diese Theorie erklärt eben die Thatsachen nicht, während diess die Theorie der „Bundvocalisten" schönstens leistet. Denn wenn schon die Urindogermanen *agō, aber *edō sprachen, so ist die-Verschiedenheit ἄγω : ἔδω, lat. *ago : edo,* anord. *aka : eta* ohne Weiteres verständlich.

„Auf die Thatsachen und deren wahrscheinlichste Deutung kommt es an." Thatsache ist, dass unter den acht indogermanischen Sprachzweigen, von denen bis jetzt keiner mit einem oder mehreren andern mit irgend welcher Sicherheit zu einer engeren Einheit verbunden werden konnte, sieben die Differenz *a* (*a, o*) : *e* aufweisen. Ich hatte Morph. Unters. III 92 darauf aufmerksam gemacht, dass es in solchen Fällen bisher üblich gewesen sei, die Differenz für eine urindogermanische zu halten, vorausgesetzt, dass sich annehmen liess, in dem einen Zweig, der die Verschiedenheit nicht aufweist, seien die beiden Laute durch Wandel des einen zusammengefallen. Curtius bemerkt hiergegen S. 97 : „Woher kommt, wenn man den bunten Vocalismus als den ältesten betrachtet, bei den Indern und Iraniern der ihre Sprachen charakterisierende eintönige Vocalismus? Kann man nicht hier ebenso wie vorhin sagen : 'Kein Mensch weiss zu sagen, nach welchem Gesetz sich *e* und *o* durchweg in das eine *a* verwandelte'? Auf diese Frage ist die Antwort der neueren Sprachforscher altum silentium.... Wo kommt es denn sonst vor, dass eine Sprache, die doch ihrem Charakter nach eine reich und fein unterscheidende ist, einen wichtigen Theil des Lautbestandes nicht etwa nur hier und da verändert, sondern förmlich verwüstet? Finden sich irgendwo für diesen seltsamen Vorgang Analoga, so bringe man sie vor." Ich möchte mir zunächst die Gegenfrage an Curtius erlauben: Nach welchem Gesetz sind im Neugriechischen *ι, υ, ει, οι, η* in *i* zusammengefallen,[1] nach welchem sind urgriech. *ē* und *a* im Elischen in *ā*, nach welchem idg. *ei* (nach Curtius *ai*) und *ī* im Germanischen und Lateinischen in *ī*, nach welchem idg. *s-* und *i̯-* im Griechischen in *h-*, nach welchem die idg. mediae und mediae aspiratae im Iranischen, Baltisch-Slavischen und Keltischen in *g, d, b* zusammengeflossen? Ich wüsste nicht, dass Curtius sonst an der vielfach wol bezeugten und sehr natürlichen Thatsache Anstoss nimmt, dass eine Sprache einen Laut verschoben und dadurch eine Verschiedenheit aufgehoben hat, und verstehe jene Verwunderung nicht. Freilich scheint er Gewicht auf den „Charakter" des Indischen zu legen. Nun, die Ansicht über diesen Charakter hat sich mit auf Grund der älteren Anschauung über den idg. Vocalismus gebildet, und wenn sich herausstellt, dass diese Anschauung unrichtig ist, so hat sich die überkommene Meinung über

---

[1] Curtius erinnert a. a. O. selbst an den neugriechischen Itacismus, wendet aber ein, dieser sei ein in seiner stufenweisen Entstehung durch Zeugnisse von Jahrhunderten wol bezeugter Process, der arische „Alphacismus" dagegen reine Hypothese. Also weil wir für die vorhistorischen Zeiten des Arischen keine schriftliche Überlieferung haben, an deren Hand wir den Verlauf des Processes verfolgen könnten, darum soll dieses Analogon nicht gelten! Doch wol umgekehrt: weil der neugriechische Itacismus ein wol bezeugter Process ist, darum ist er ein vortreffliches Analogon.

den Charakter jener Sprache einfach darnach zu modificieren und darf nicht als Argument gegen uns ausgespielt werden. Übrigens zeigt sich auch anderwärts das Indische dem „Verwüsten" keineswegs abhold. Ich erinnere nur an das auch nach Curtius unursprüngliche *i* von *sthitá-, pitā́, girí-, giráti gilati* u. s. w. neben dem idg. *i* in *imás* etc., an *j* als Vertreter von idg. velarem und palatalem *g*, an *h* als solchen des idg. velaren und palatalen *gh*, an *r* = idg. *r* und *z* (*s*), an *šṭ* in *uštá-* = lat. *ustu-s* und in *dišṭi-* = ahd. *in-ziht*.

Mit diesem „Argument" von Curtius steht in engem Zusammenhang was er S. 110 ff. geltend macht. Wenn man der idg. Ursprache *a, e, o* zuschreibe, so müsse man im letzten Grunde doch wieder auf ein einheitliches *a* zurückgehen, weil z. B. das *e* und das *o* von φέϱ-ε-ι und von (dor.) φέϱ-ο-ντι doch etymologisch dasselbe Element seien. Es ergebe sich also für das Arische folgende geschichtliche Entwicklung: 1. Periode: **bharati, *bharanti*, 2. Periode (letzte Zeit der idg. Urgemeinschaft): **bhereti, *bheronti*, 3. Periode (urarisch und indisch): *bhárati, bháranti*. 4. im Zend wieder neues *e* in *barenti, baren* u. a. „Wie seltsam wäre nun ein solcher Gang der Entwicklung!" (S. 118). Die idg. *e* und *o* aus demselben Laut *a* entstanden sein zu lassen, der in aind. *bhárati, bháranti* vorliegt, nötigt nichts. Aber wir wollen annehmen, Curtius hätte Recht, da kann doch nicht zugegeben werden, dass die Verwunderung über Seltsamkeit solches Gangs der Sprachentwicklung die Wagschale zu Curtius' Gunsten beschwere. Dass der Lautwandel im Lauf der Zeit zu dem Punkt zurückführen kann, auf dem vergangene Generationen einmal gestanden hatten, versteht sich von selbst, und es kommt das oft genug vor. Ich erinnere z. B. an die Entwicklungen: vorgerm. *ei* — urgerm. *ī* — nhd. dial. *ei* (z. B. *steige* = gr. στείχω) und an idg. *t* — urgerm. *þ, đ* — hochdeutsch *d, t* (nhd. *vater* = gr. πατήρ). Curtius selbst nimmt vom Standpunkt s e i n e r Vocaltheorie aus S. 102 für aind. *ca, catváras* u. dgl. den Ga̠ng *a — e — a* an und muss denselben Gang für lokr. πατάρα aus πατέρα, für neuniederl. *hart* 'Herz', *smart* 'Schmerz', nhd. dial. *starn, war'n* u. s. w., ebenso den Gang *ā — ē — ā* für elisch μᾱ = μή, für hochdeutsch *sāt*, anord. *sáđ* = got. *mana-sēþs*, afries. *sēd*, und ferner die Reihe *a — o — a* für's Irische (vgl. Zimmer Kelt. Stud. III 137) zulassen.

Hiernach dürfte Curtius im Unrecht sein, wenn er die Entstehung des arischen *a* aus ursprachlicher Dreiheit als „unerklärbar" bezeichnet. —

Wir kommen zu Curtius' Kritik der Versuche, im Sonderleben des Arischen Spuren der für die Vorzeit dieses Sprachzweigs vorausgesetzten Vocalverschiedenheit nachzuweisen.

Meine Annahme Stud. IX 367 ff., dass dem griech. *o* im Arischen in offener Silbe *ā* entspreche, z. B. aind. *jajána* = γέγονε, *bhárāmas* = φέρομες, wird nur berührt S. 106 Anm. 1. Mit Rücksicht auf die Stellung J. Schmidt's zu dieser Hypothese (Kuhn's Zeitschr. XXV 1 ff.), vielleicht auch mit stillschweigender Berücksichtigung von Morph. Unters. III 102 ff. wird auf sie nicht eingegangen.

Überhaupt nicht erwähnt wird, was ich Studien IX 381 f. (vgl. auch Morph. Unters. III 96 ff.) bewiesen zu haben glaube: dass die Differenzentsprechungen wie lat. *pater : pedis* und aind. *pitá : padás* nur aus einer uridg. Vocalverschiedenheit erklärt werden

können. Weshalb Curtius diesen Nachweis übergeht,
weiss ich nicht. Ich glaube hier eine wesentliche Lücke
in der ganzen Argumentation gegen uns „Buntvocalisten"
constatieren zu müssen.

Ausführlicher dagegen wird S. 98 ff. die Annahme
von Verner, Collitz, J. Schmidt u. A. besprochen, dass
das nach Palatalen auftretende *a* in Formen wie *ca,
catvãras* u. s. w. als älteres *e* die Palatalisierung des
für die Grundformen vorauszusetzenden Gutturals be-
wirkt habe und somit dem *e* der entsprechenden europäischen Formen gleichzusetzen sei. Diese Annahme
ist bisher nur vereinzelt, z. B. bei Heinr. Dietr. Müller
Sprachgeschichtliche Studien 1884, auf Widerspruch
gestossen.

Curtius gibt zu, dass sich ein beträchtlicher Theil
der arischen Palatale auf diese Weise allerdings verstehen lasse, aber es sei auch die Zahl der Ausnahmen
eine recht erhebliche. Um diese Ausnahmen zu beseitigen, werde am häufigsten zur Association gegriffen,
„und wir sahen ja im zweiten Abschnitt dieser Schrift,
wie sehr dies Erklärungsmittel, um im einzelnen Falle
annehmbar zu sein, der Prüfung bedarf. Es kann also
da, wo es sich um Entfernung unbequemer Ausnahmen
und um den ersten Nachweis eines Gesetzes handelt,
am wenigsten überzeugen." Ich frage hiergegen: wie
führte denn z. B. Verner seinen „ersten Nachweis"
des auf urindogermanischer Betonungsverschiedenheit
beruhenden urgermanischen Consonantenverschiebungs-
gesetzes anders als indem er massenhafte Analogiebildungen annahm? Wenn es sich um Auffindung von
Lautgesetzen handelt, so hat man, wie S. 89 f. gezeigt
ist, die lautliche Wirkung zunächst an solchen Formen

zu prüfen, welche von dem Verdachte, durch Analogie
umgestaltet zu sein, frei sind. Solche Formen sind in
unserm Fall z. B. *ca*, *catvā́ras*, *páñca*; sie sind die
Hauptstützen in der ganzen Beweisführung. Von ihnen
aus ist man berechtigt, das *c* z. B. in *vácas* = ἔπος
als durch Analogie eingedrungen zu betrachten. Denn
diese Form steht in einem System, in dem Ausgleichung
von vorn herein nicht unwahrscheinlich ist. Man hat
anzunehmen, dass *c* ursprünglich nur in *vácasas* = ἔπεος
u. s. w. lautgesetzlich entstand und in *vácas* ein älteres
k (vgl. *ká-* = πο-, lat. *quo-*) verdrängte. Das ist eine
Annahme, die ganz auf gleicher Linie damit steht, dass
Verner z. B. got. *taíhum* für eine Umbildung von **tigum*
nach dem Sing. *táih* erklärt. Will man ein solches
Verfahren für „erste Nachweise" nicht gelten lassen,
so weiss ich nicht, wie wir überhaupt noch in Zukunft
Lautgesetze zu erweisen im Stande sein werden. Curtius
gibt zu, dass J. Schmidt manche angenommene Analogiebildung sorgfältig motiviert habe, aber es gebe
eine grosse Anzahl von Fällen, in denen die Ausnahmestellung unerklärt bleibe. „Das uralte *k* bleibt — unter
der Wirkung des oben so benannten Atavismus[1] —
selbst vor *i* bisweilen unverändert, z. B. sanskr. *kim*,

---

[1] Curtius bespricht S. 99 aind. *girí-* neben abaktr. *gairi-*:
„Offenbar ist *giri-* eine jüngere Form. Das *g* blieb wahrscheinlich von der Zeit an, da auf das *g* ein A-Laut folgte, etwa wie
das attische η der Regel entgegen in κόρη, δέρη von der Zeit her
blieb, da nach ϱ ein zweiter Consonant ertönte. Diese Erklärungs-
art, die man Atavismus nennen könnte, überzeugt mich am
meisten." Vielmehr ist das *g* von *girí-* lautgesetzlich dadurch bedingt, dass die arische Grundform **gr̥ri-* war, womit
gatá- aus **gm̥tá-* u. s. w. zu vergleichen ist. S. Kluge, Beitr.
z. Gesch. d. german. Conjugation S. 19 f., Osthoff, Morph. Unters.
II 14 f., Verf. eb. S. 154 ff. u. A.

Neutr. zu *kas.*" Vielmehr ist *kim*, wie wir Jüngeren
wol alle ˙annehmen, eine analogische Umbildung des
im Iranischen erhaltenen lautgesetzlichen *cim* nach den
Formen *kás* u. s. f. Diese Ausnahme ist also erklärt.
Weiter wird darauf hingewiesen, dass in Nomina wie
bhōjá- (Curtius' Beispiel *ajá-* 'Führer' ist falsch gegriffen, denn *aj-* = abaktr. *az-*) der éine Voc. Sing.
(vgl. griech. *ἀγέ*) alle übrigen Casusformen sich assi-
miliert haben müsste, was doch höchst auffallend wäre.
Hiergegen ist zu bemerken, dass die Suffixform *-e-*
nicht bloss im Voc., sondern auch im Gen., Loc., Instr.
(De Saussure Mém. sur le syst. prim. 90 f., Verf.
Morph. Unters. II 244 und Kuhn's Zeitschr. XXVII 411,
J. Schmidt eb. XXV 93, Kögel Zeitschr. f. d. Altert.
1884 S. 118 f.) von Haus aus vorhanden war und
ausserdem der Palatal der zu diesen Nomina gehörigen
Verba vorbildlich wirkte (J. Schmidt a. O. S. 105).
Wenn Curtius im Anschluss an seine Bemerkung über
das *j* von *bhōjá-* bemerkt: „Man kann eine Lautbewegung von solcher Inconsequenz doch eigentlich kaum
ein Lautgesetz nennen, höchstens eine beginnende, vielleicht auch eine schon halb erstorbene Lautbewegung",
so ist übersehen, dass ein Lautgesetz Lautgesetz bleibt,
und wenn seine Wirksamkeit an tausenden von Formen
durch das Eingreifen der Analogie aufgehoben sein sollte.
Wie erklärt nun Curtius seinerseits die arischen
Palatale? S. 102 heisst es, man könnte immerhin zugeben, dass *c* in *ca* u. s. w. durch einen folgenden
e-Vocal bedingt gewesen sei. Aber „was läge auffallendes darin, wenn wir annähmen, im Urindoger-
nischen sei nur ein einziger kurzer A-Laut vorhanden
gewesen, aus diesem habe sich in grösserer Fülle bei

den Westindogermanen der Dreiklang entfaltet, aber
auch bei den Ariern oder Ostindogermanen sei nach
ihrer Trennung von den übrigen Völkern in bescheidenen
Ansätzen aus einem Theil der A-Laute das hellere *e*
entwickelt, freilich ohne historischen Zusammenhang
mit dem gleichlautenden der Westler?" Sehr stark
Auffallendes läge hierin. Denn e r s t l i c h sieht man
nicht, unter welchen besonderen Bedingungen das *a*
bald *a* geblieben (z. B. abaktr. *kas-*, in *kas-cit*), bald
e geworden wäre (abaktr. *cahyā*). Wir bekämen also
wieder eine ganz unmotivierte „Vocalspaltung". Z w e i -
t e n s fragt man: wie kommt es denn, dass gerade in
den isolierten Formen, d. h. in solchen Fällen, in denen
die Annahme einer analogischen Umgestaltung ausge-
schlossen ist, dem von Curtius vorausgesetzten arischen
e ein europäisches *e* gegenüber steht? Vgl. aind. *ca*
= τὲ, *catvāras* = τέτταρες, *páñca* = πέντε, *cakrá* =
ags. *hveohl, carú-* = anord. *hverr*, kymr. *peir, jaþhára-*
= got. *laus-qiþrs*, *háras* = θέρος. Es gibt gewiss
viele zufällige Übereinstimmungen in den indogerm.
Sprachen; hier aber Zufall walten zu lassen und auch
die Entsprechungen *jáyati : jigāya, cétati : cikéta* und
griech. δέρχομαι : δέδορχα, λείπω : λέλοιπα für zufällig auszugeben würde das Mass des Zulässigen doch wol weit
überschreiten. D r i t t e n s fällt auch das auf, dass
Curtius zwar für *ca* den Entwicklungsgang idg. *a* —
urar. *e* — urar. u. historisch *a*, also für abaktr. Acc.
būjem aus *būjam* die Reihe *a — e — a — e* ohne Bedenken annimmt, dass dagegen die im Sinne u n s e r e r
Vocaltheorie von ihm construierte Reihe idg. *a* — idg.
e — urar. *a* — abaktr. *e* (z. B. in *baremna-*, vgl. βέλεμνον

u. dgl.) ihn, wie wir schon S. 103 sahen, ausrufen lässt:
„Wie seltsam wäre ein solcher Gang der Entwicklung!"
S. 103 sucht Curtius mit Hülfe von thess. κίς dar-
zuthun, dass der arische Palatalismus mit dem τ von
gr. τὲ, τέτταρες u. s. w. keinen historischen Zusammenhang haben könne. Dass sich aus diesem κίς nicht,
wie Curtius sagt, „ergibt, dass das ursprüngliche κ sich
im Griechischen noch zu einer Zeit erhielt, da die Mundarten schon längst gespalten waren", glaube ich in
Techmer's Internat. Zeitschr. f. allgem. Sprachwissenschaft I 233 bewiesen zu haben. Curtius scheint diese
Stelle entgangen zu sein. Gleichwol ist auch meine
Ansicht, dass die palatale Affection in Wörtern wie
idg. *qe ‘und’, *qis ‘wer’ im Arischen sich unabhängig
von der gleichartigen Erscheinung im Griechischen vollzogen hat, wie auch die slavische Palatalisierung (vlŭče,
pečetŭ) ein einzelsprachlicher Process ist. Ich verstehe
aber nicht, wie Curtius S. 103 an meiner Äusserung im
Liter. Centralbl. 1884 S. 1565, dass es für die Frage
des idg. e gleichgültig sei, ob man die palatale Affection
der Gutturale schon in idg. Urzeit oder erst im Einzel-
leben der Sprachen erfolgt sein lasse, Anstoss nehmen
und ihr die Worte entgegenstellen kann: „Bisher galt
die angebliche Existenz von Palatalen in der Ursprache
als das Hauptargument für die Existenz eines e in derselben." Letzteres ist ein Irrtum. Darauf, dass im
Arischen a da Palatale statt der Gutturale vor sich
hat, wo im Europäischen e erscheint, stützte sich der
Beweis, und dieser hätte auch ohne Griechisch und
Slavisch geführt werden können, z. B. durch Gegen-
überstellung von aind. ca, páñca und lat. que, quinque.

Weiter kommt Curtius S. 104 auf den Unterschied
a, o z. B. in ἄγω, φόρος. Er vermisst jeden Beweis
dafür, dass diese Differenz urindogermanisch sei, dass
man also z. B. als idg. Grundform von ἀγός ein *agos
und nicht *agas anzusetzen habe. Die bekannte Übereinstimmung der classischen Sprachen im o möchte er
auch jetzt noch als Argument für die gräcoitalische
Ursprache benutzen. Ich stelle dem die Punkte gegenüber, die nach meiner Ansicht für uridg. o und $ō$ neben
a und $ā$ sprechen.

1. Diese Qualitätsdifferenz ist keineswegs bloss
gräcoitalisch, sondern wir begegnen ihr auch im Keltischen (agall. a, o, air. a = griech. lat. a, dagegen $o—a$
[d. h. o zu a geworden] = griech. lat. o), im Armenischen (a, a = gr. lat. a, $ā$ und o, u = gr. lat. o, $ō$)
und im Baltisch-Slavischen (nur in der Länge nach-
weisbar: slav. -ą = gr. lat. -ān -ām, aber -y = gr.
lat. -ōn -ōm; lit. $ō$ = gr. lat. $ā$, $ů$ = gr. lat. $ō$, -ą =
gr. lat. -ān -ām, aber -ūn -ū = gr. lat. -ōn -ōm[1]),
d. h. sie findet sich in allen idg. Sprachen ausser dem
Arischen und Germanischen (vom Albanesischen darf
ich absehen). Wenn man darauf hin diesen Qualitäts-
unterschied als urindogermanisch ansieht, so thut man
keine kühnere Folgerung, als wenn man z. B. die
Differenz *g d b: gh dh bh* der idg. Sprache zuweist.
Denn diese fehlt im Keltischen, im Baltisch-Slavischen
und im Iranischen vollständig.

2. Wer mit Curtius für a, $ā$ und o, $ō$ von denselben urindogermanischen a, $ā$ ausgeht, hat die Pflicht zu

---

[1] Scharfsinnig, aber sehr unsicher ist Mahlow's Versuch
(Die langen Vocale S. 9), den Unterschied auch zwischen kurzem
o und a im Litauischen nachzuweisen.

zeigen, unter welchen besonderen Bedingungen im Armenischen und Europäischen die Spaltung eintreten konnte. So lange diess nicht geschehen, ist man schon deshalb berechtigt, die Differenz als eine ursprüngliche zu betrachten.

3. Ein indirectes Argument für das einstige Vorhandensein von *o* neben *a* im Arischen lässt sich aus dem S. 104 f. erwähnten Nachweis entnehmen, dass die Differenzen lat. *pater : pedis* und aind. *pitá : padás* in die idg. Ursprache hinaufreichen. Das *i* erscheint im Arischen nur da, wo im Griech. Lat. u. s. w. *a* erscheint, nicht aber da, wo diese Sprachen *o* haben; dabei ist aus den in Morph. Unters. III 101 (im Anschluss an de Saussure Mém. 145 ff.) entwickelten Gründen ‚von δο- gegenüber aind. *di-* in ἔδοτο ⸗ *ádita* u. dgl. abzusehen.

Hiernach halte ich die Annahme, dass der idg. Ursprache *o* neben *a* eignete, für unumgänglich, gebe aber auch jetzt wieder (vgl. S. 104 der Curtius'schen Schrift) sehr gerne zu, dass das idg. *o* nicht ebenso sicher ist als *e*. Es gibt auf dem Gebiet der vorhistorischen Forschung überhaupt nur weniges, was gleiche Evidenz hat wie der letztere Vocal als uridg. Laut.

So glaube ich denn, dass man auch ferner berechtigt ist, die alte Vocalismustheorie als definitiv beseitigt und die neue etwa mit derselben Sicherheit als die richtige zu bezeichnen, mit der wir uns Alle seiner Zeit für die Ascoli-Fick'sche Gutturalhypothese und das Verner'sche Consonantenverschiebungsgesetz entschieden haben. Dass wir noch nicht dem Vocalismus sämmt-

licher indogermanischen Wörter seine geschichtliche
Entwicklung nachgewiesen haben, dass noch eine Reihe
von a^x übrig bleibt, habe ich Morph. Unters. III 93
Curtius zugegeben mit den Worten: „Es ist selbstver-
ständlich, dass wir eine Anzahl a^x mit in Kauf nehmen
müssen, das thut aber nichts zur Sache: haben wir
doch auch eine Anzahl k^x g^x gh^x d. h. Fälle, in denen
wir nicht zu unterscheiden im Stande sind, ob der
Explosivlaut urindogermanisch der ersten oder zweiten
Gutturalreihe angehörte." Curtius nimmt S. 119 f. auf
dieses und ähnliche Zugeständnisse Rücksicht[1] und
zieht die Folgerung aus ihnen: „Ich kann daher nicht
glauben, dass es ein richtiges Verfahren war, die Untersuchung über diese Frage, nachdem sie kaum begonnen
hatte, gleich für abgeschlossen zu halten und sofort das
neue Dogma als ausgemacht an die Spitze aller der-
artiger Untersuchungen zu stellen." Hier ist der wahre
Sachverhalt doch wol verkannt, obwol er in jener
Stelle der Morphol. Untersuchungen deutlich genug,

---

[1] Was S. 119 als „Stein des Anstosses' bezeichnet wird,
das *a* in lat. *ago, cado*, gr. ἄγω, γράφω u. ähnl., ist ein solcher
keineswegs. Sind denn Curtius die indische 6. Präsensclasse und
die Präsentia wie gr. γλύφω, λίτομαι, lit. *sukù*, russ. *skú*, abulg.
čtq (Leskien Archiv f. slav. Phil. V 510 ff.), got. *trudan*, anord.
rega (Kluge, Beitr. z. Gesch. der german. Conj. 40, J. Schmidt,
Anz. f. deutsch. Altert. VI 127) unbekannt, dass er von jenen
den Ausdruck gebraucht: „Diese, wie man angenommen hat, ver-
irrten Schafe aus der Hürde der Aoriste, die — niemand sagt
uns, warum — sich unter die Präsensstämme geschlichen haben"?
Die ind. 6. Classe stammt aus der Zeit der Urgemeinschaft, und
zu ihr gehören die Formen wie ἄγω. Die Accentveränderung in
aind. *ájāmi* hat denselben Grund wie die von *gáchāmi, yáchāmi*
(neben *ichāmi, uchāmi, prchāmi*), sie wurde durch das Zusammenfallen des Wurzelvocals mit dem *a* = idg. *e* der Formen der
1. Classe wie *pácāmi* veranlasst.

meine ich, bezeichnet war. Noch heute sind wir bemüht, Formen, die mit den oben erwähnten Theorien
Ascoli's und Verner's, mit Grassmann's Aspiratenhypo-
these und andern längst allgemein acceptierten lautgeschichtlichen Hypothesen noch nicht in Einklang gebracht sind, aufzuklären und ihnen ihre scheinbare Ausnahmestellung zu nehmen. Vom Curtius'schen Standpunkte aus dürfte man alle diese Theorien heute noch
nicht und auch in aller Zukunft so lange nicht gelten
lassen, bis im Bereich einer jeden von ihnen das letzte
x erklärt wäre, und man müsste in Bezug auf den Ansatz der vorhistorischen Grundformen zu einem längst
verlassenen Verfahren zurückkehren, es dürfte z. B.
heute noch keiner die anlautenden Consonanten von
ai. *çatám* und *kás* als bereits uridg. verschieden bezeichnen.

Anhangsweise kommen S. 120 ff. die neue Gunatheorie und die Frage der sonantischen Nasale und
Liquidae zur Sprache.

In Bezug auf die letztere ist Curtius zu meiner
Freude wenigstens in der Hauptsache mit uns
Jüngeren einig. Dass er die letzte Consequenz zu
ziehen sich scheut, beruht, wie mir scheint, zum guten
Theil auf dem Glauben dieses Gelehrten, dass es mit
der Sprechbarkeit der silbebildenden Nasale und Liquidae
„misslich bestellt" sei (S. 128). Wie oft wird man
noch darauf hinweisen müssen, dass diese Laute heutzutage in den verschiedensten Sprachen gang und gäbe
und auch uns Deutschen in Formen wie *zeichnt, rechn-*

schaft, gŋnug, verschiedŋne, handlͅt, gṛrade ganz ge-
läufig sind?

Zu der neueren Gunatheorie, der „absteigenden",
verhält sich Curtius ablehnend. Ich bezweifle, dass die
Begründung irgend jemanden befriedigen wird. Es werden
S. 121 drei Gründe vorgeführt. 1. Die absteigende
Theorie, welche die kurzen Formen aus den volleren
durch Einfluss des Accentes erklärt, habe von vorn
herein nur in einem beschränkten Kreise einige Wahrscheinlichkeit, wie bei aind. *émi, imás.* „Thematische
Formen, in denen die gleiche Betonung herrscht, können
nur in einzelnen Fällen, z. B. λιπεῖν, φυγών, beigebracht
werden, während uns schon bei ἔφυγον neben ἔφευγον
jenes Princip im Stiche lässt." Hier, wie so oft, wird
von Curtius in allgemeinindogerman. Fragen das Griechische einseitig und unberechtigter Weise in den Vor-
dergrund geschoben. Wir haben doch auch aind. *vidát,*
vidát, vidét, und Wackernagel hat in seinem bekannten
Aufsatze Kuhn's Zeitschr. XXIII 457 ff. bewiesen, dass
der Accent des verbum finitum im Griechischen für die
Reconstruction der uridg. Betonungsverhältnisse nicht
in Betracht kommt, ein Nachweis, den Curtius auch im
Verb. II² 37 mit Stillschweigen überging. Sollte Curtius
auf aind. *ávidat* Gewicht legen wollen, so wäre darauf
hinzuweisen, dass die idg. Grundform *é u̯idét* war,
daraus zunächst *éu̯idet,* d. h. die Verbalform wurde
dem Adverb *é* enklitisch angehängt. 2. Das „Aus-
springen" des ă (ε) soll Schwierigkeiten machen. Ich
frage dagegen: macht die Annahme einer Steigerung
von *s* zu *es*, von *pt* zu *pet* oder, nach Curtius' Theorie,
zu *as* und *pat* keine Schwierigkeit? Denn aind. *i-más:*
é-mi = s-más: ás-mi und λιπ-εῖν: λείπ-ειν = πτ-έσθαι:

πέτ-εσθαι. 3. „Die Consequenz in der Einhaltung der absteigenden Richtung wäre die, alle kurzen Vocale einer späteren Sprachperiode zuzuweisen. Wir hätten also eine Ursprache vorauszusetzen, welche durchweg aus langsilbigen Wurzeln, z. B. aus Wurzeln wie *bhaudh* (πεύθομαι), *kād* (κήδομαι), *ōd* (ὅδωδα) bestände." Diese Consequenzen zieht nur Curtius, sie sind keine unsrer Theorie. Nirgends kommen die im Ablaut zu einander stehenden urindogerm. *e* und *o* (φέρετε, φόρος), die häufigsten aller Vocale, in Gefahr sich als Verkürzungen ansehen lassen zu müssen, und kurzsilbige Wurzeln hatte die Ursprache nach der absteigenden Theorie in Fülle, wie *es-, pet-, bher-, qeị-*.

Mir scheint die neuere Gunatheorie durch Curtius' Erwägungen (vgl. auch S. 123 ff. seiner Schrift) nicht erschüttert zu sein.

IV.

— — Und rings umher liegt schöne grüne Weide.
Goethe.

Bopp und seine unmittelbaren Nachfolger verwandten viel Mühe und Scharfsinn darauf, den letzten Ursprung der in den urindogermanischen Wortformen enthaltenen suffixalen Elemente aufzuhellen. Ich erinnere z. B. an Bopp's Herleitung des -*s*- des sigmatischen Aoristes aus dem verbum substantivum. In neuerer Zeit bringt man diesen Forschungen wenig Sympathie und grosses Misstrauen entgegen. „Von manchen Seiten wird sogar", wie Curtius sagt (S. 130), „mit einem gewissen Selbst-

bewusstsein die ars nesciendi gerühmt, mit welcher
man jetzt Fragen behandle, die früher mit grosser Zuversicht in Angriff genommen wurden".

Curtius hält diese reservierte Stellung der Jüngeren
gegenüber den glottogonischen oder, wie er sich aus-
drückt, morphogonischen Problemen für ungerechtfertigt.
„Ohne Eingehen in solche Fragen ist eine Klarheit über
den Entwicklungsgang der Sprache und über den richtigen Ausgangspunkt für zahlreiche Specialfragen ·nicht
zu erreichen, und es ist besser, bei solchen Versuchen
zu irren als gar nicht darüber nachzudenken." Dass
Curtius auf eine Rückkehr unsrer Wissenschaft zu den
verlassenen Fragen zuversichtlich hofft, scheint aus seinen
Worten S. 148 hervorzugehen: „Der Umstand, dass
augenblicklich Untersuchungen dieser Art die aura popu-
laris nicht für sich heben, kann . . .".

Ehe ich Einzelheiten der Curtius'schen Argumentation bespreche, möchte ich auf einen wichtigen Unterschied in den „morphogonischen Fragen" hinweisen,
der leicht übersehen wird, wenn von diesen die Rede ist.

Hat man eine Spracherscheinung als urindogermanisch festgestellt und will nun ihre Geschichte von dem
Zeitpunkt der sogenannten ersten Völkertrennung aus
noch weiter rückwärts verfolgen, also gewissermassen ins
Vorurindogermanische eindringen, so steht man, weil die
Forschung hier des Hülfsmittels der Vergleichung von
verwandten Sprachen oder Mundarten enträt, auf demselben Boden, als wenn wir in die jenseits der geschichtlichen Überlieferung liegende Entwicklungsperiode einer
einzelnen indogermanischen Mundart, z. B. der homerischen oder vedischen, vordringen wollten, ohne dass
uns andre indogermanische Mundarten zur Vergleichung

gegeben wären. Man befindet sich also hier in derselben Lage, in der sich z. B. die indischen Grammatiker gegenüber der vedischen Sprache befanden.
Dass man nun trotz dieser ungünstigen Lage zu richtigen Schlüssen über frühere Sprachereignisse gelangen
kann, zeigen uns manche Formanalysen der indischen
und der griechischen Grammatiker, und denken wir
uns, die von uns erschlossenen urindogermanischen
Spracherscheinungen hätten dieselbe Gewähr wie die
durch die Überlieferung gegebenen vedischen und
homerischen, so wären wir modernen Sprachforscher
hinsichtlich der Erschliessung der vorurindogerm. Sprachgeschichte darum in günstigerer Lage als die Alten auf
ihrem Arbeitsfelde, weil wir einen sichereren Blick für
das sprachgeschichtlich überhaupt Mögliche und Wahrscheinliche haben. Man hat nun drei Arten von glottogonischen Problęmen zu unterscheiden.

Zunächst die lautgeschichtlichen. Es ist keine grosse
Kühnheit, wenn wir z. B. den Nom. Plur. *éku̯ōs (aind.
áçvās) auf *eku̯o-es (Osthoff, M. U. II 119 f.), den Loc. Plur.
*petsú (aind. patsú) auf *ped-sú zurückführen, oder wenn
wir s-, die schwache Stammform des verbum substantivum (aind. s-ánti), unter dem Einfluss des Hochtones
der folgenden Silbe aus es- (vgl. 1. Sg. *és-mi, aind.
ásmi) und unter gleicher Bedingung das Optativsuffix
-ī- (lat. s-ī-mus) aus -iē- (vgl. lat. s-iē-s) entstanden
sein lassen. In den ersteren Fällen soll damit nicht
gesagt sein, dass der betreffende Lautwandel sich gerade
in diesen Wörtern ereignete, sondern sie sind nur ge-
wählt, um den Typus zu bezeichnen; sie selbst sind
vielleicht nur analoge Nachbildungen. Mit derlei Con-
structionen können wir gerade so gut das Richtige treffen

wie die griechischen Grammatiker, wenn sie $εἰμί$ auf
$*ἐσμι$ zurückführten (Herod. II p. 833, 9 Lentz): sie
erschlossen $*ἐσμι$ nach $ἐστί$, wie wir $*ekụo-es$ aus $*patér-es$
(gr. $πατέρες$) erschliessen.
Die zweite Art sind die functionsgeschichtlichen
Probleme. Auch hier ist es keine Kühnheit, wenn wir
z. B. die Sätze mit $*ịo-$ 'welcher' (aind. $yá-s$ u. s. w.)
auf Hauptsätze zurückführen, in denen dieses Pronomen
die Bedeutung 'er' hatte (vgl. die einzelsprachliche
Entwicklung von $to-$ zum Relativpronomen), oder die
instrumentale Bedeutung des casus instrumentalis aus
der sociativen herleiten (vgl. die Entwicklung des Ge-
brauchs unsres mit).

Die dritte Art sind die etymologischen Fragen, und
von diesen gehen uns hier nur diejenigen an, welche
die suffixalen Elemente betreffen. Für das Verständnis
der Syntax sind diese letzteren von der grössten Wichtigkeit. Wüssten wir z. B., woher die Optativsuffixe
(aind. $dviš̌-yá-m$, $dviš̌-ī-tá$, und $bhárēt$ aus $*bhero-ị-t$,
letzteres wol aus $*bhero-ī-t$[1]) stammen, so wäre es wahrscheinlich möglich, zu sagen, wie die als urindogermanisch
sich ergebenden Bedeutungen dieses Modus, die wün-
schende und die potentiale, historisch sich zu einander
verhalten. Ebenso wäre es für das Verständnis der
verschiedenen Seiten der Aoristbedeutung sehr erwünscht,
dass sich uns der Ursprung des $-s-$ von $ἔδειξα$ erschlösse,
u. s. f.

---

[1] Da J. Schmidt (Kuhn's Zeitschr. XXIV 303) die Annahme,
dass das optativische i auch wo es hinter Vocalen erscheint ursprünglich lang war, als von Benfey herrührend bezeichnet, so
sei es erlaubt, darauf aufmerksam zu machen, dass dieselbe sich
schon bei Bopp, Über das Conjugationssystem S. 15 und Annals
of oriental literature 1820 p. 19 findet,

In Bezug auf diese dritte Art von glottogonischen
Problemen nun gehen die Wege von uns Jüngeren oder
wenigstens die der meisten von uns und die von Curtius
auseinander. Ich kann nicht finden, dass die Annahme,
jenes Aorist-*s* sei die Wurzel *es-* 'sein', irgend sicher
ist und etwas zum Verständnis der Tempussyntax beitragen kann. Noch weniger befriedigend sind die verschiedenen Analysen der Optativelemente, die Curtius
Verbum II² 92 ff. bespricht. Die Zusammenstellungen
derselben mit dem Präsenssuffix -*i̯o-*, mit dem Prono-
minalstamm *i̯o-* und mit verschiedenen Formen von *ei̯-*
'gehen' haben auch ihre lautlichen Bedenken. Denn
als ältesterreichbare Form des Suffixes hat man doch
wol -*i̯ē-* oder genauer noch -*i̯i̯ē-* zu betrachten. Ein
andres Beispiel ist die Analyse der Personalendungen,
und hier werden die lautlichen Schwierigkeiten, welche
die von Curtius vertretenen Etymologien haben,
zum Theil zu unüberwindlichen. Ich gehe hierauf
etwas näher ein. Dass diese suffixalen Elemente Pronomina sein können, bestreitet principiell wol keiner
von uns Jüngeren. Ich gebe auch heute noch (vgl.
Morph. Unters. I 133 ff.) gerne zu, dass die Zurückführung von -*mi*, -*m* auf den Stamm des lat. *mē*, die
von -*ti*, -*t* auf das Pronomen *to-* und die von aind.
-*vas* -*va* auf den Stamm von *vayám* eine gewisse Wahrscheinlichkeit hat. Dagegen bin ich sehr entschieden,
gegen Curtius S. 147, auch heute noch der Ansicht,
dass die Zurückführung von (aind.) -*si* auf **tva*, die
von -*masi* auf **ma* + *tva*, die von -*tha* auf **tva* + *tva*
u. dgl. haltlose Speculationen sind. Ich machte gegen
dieselben a. a. O. geltend, dass die vorausgesetzten
Lautveränderungen willkürliche Annahmen seien. Dem

gegenüber sagt Curtius a. a. O.: „Die Thatsache, dass
wir einen bestimmten Lautübergang für eine historisch
bezeugte Periode der Sprache nicht nachzuweisen vermögen, schliesst keineswegs die Möglichkeit aus, dass
ein solcher Übergang in einer noch früheren Zeit
dennoch stattfand. Der Mangel an Kenntnis ursprachlicher Lautgesetze macht natürlich dies ganze Forsch-
ungsgebiet zu einem viel schlüpfrigeren, als dasjenige
der späteren Sprachperioden. Um zur Wahrscheinlichkeit durchzudringen, müssen hier andre Erkenntnismittel
besonders schlagender Art vorliegen. Wenn dabei die
behaupteten Lautveränderungen auf so kleine und leichte
Modificationen hinauslaufen, wie die, dass t vor v sich
assibilirte, oder dass ein ursprachliches, aller Wahrscheinlichkeit nach unbetontes a sich zu i schwächte,
so kann man darin eine besondere Kühnheit nicht erkennen." Was man kleine und was man grosse Modificationen nennen will, ist subjectiv. Für mich gehört
der von Curtius vorausgesetzte Übergang von *-tva in
-si zu den grösseren Veränderungen. Doch kommt
mir darauf wenig an. Das Wesentliche sind mir folgende Punkte. 1. Wer etymologisiert, hat die angenommenen Lautwandlungen durch Hinweis auf analoge
Fälle der Veränderung zu begründen. Curtius bringt
kein einziges anderes idg. s bei, von dem es wahrscheinlich wäre, dass es Fortsetzung von älterem tv ist.
2. Es liegt von vorn herein keine Nötigung vor, -si
und aind. tvám zusammenzubringen. Wenn wir für
das ʼichʼ zwei etymologisch nicht zu vereinigende
Stämme haben (aind. má-hyam und ahám) und ebenso
zwei für das ʼihrʼ (aind. vas und yūyám), weshalb soll
es nicht auch zwei verschiedene Stämme für das ʼduʼ

gegeben haben? 3. Wir können, wie ich a. a. O.
136 f. ausgeführt habe, gar nicht wissen, ob wirklich
alle Personalendungen Pronomina sind von der Art des
'ich', 'du' u. s. w. Es kann -*si*, -*s* ebenso gut etwas
andres sein, wie das -*mini* von lat. *feri-mini* kein
Pronomen mit der Bedeutung 'ihr' ist.

Es kommt für die Zurückführung von -*si* auf **tva
noch ein besonderer Umstand hinzu. Curtius scheint,
nach S. 149 zu schliessen, noch kein Zweifel darüber
gekommen zu sein, dass die Endungen -*m*, -*s*, -*t*, -*nt*
auf die volleren -*mi* u. s. w. zurückgehen. Ich halte
die zuerst von Friedrich Müller vorgetragene Vermutung, dass die kürzeren Formen die älteren und *i*
ein später zugefügtes Element sei — man hat an das
deiktische *i* gedacht —, für mindesteus ebenso berechtigt als die von Curtius vertretene Meinung. -*i* würde
in der als Verbalanhängsel vielfach, man darf wol sagen
mit Wahrscheinlichkeit, nachgewiesenen Partikel *u* (s.
Osthoff, Morph. Unters. IV 252 ff., Verf. Kuhn's Zeitschr. XXVII 418 ff.) sein Analogon haben, und es er-
gäbe sich eine leichte Vermittlung der 3. Plur. (**bhé-
ront-i*, **sn̥t-i*) mit dem zugehörigen Particip.

Curtius fordert, dass man bei glottogonischen Untersuchungen „mit grosser Behutsamkeit und Zurückhal-
tung" vorgehe (S. 145). Ich kann nicht finden, dass
seine Zurückführung von -*si* auf *-*tva* dieser Forderung
entspricht.

Nicht also alle glottogonischen Hypothesen sind
abzulehnen, sondern nur die auf so ganz und gar unzuverlässiger Basis stehenden. Zu letzteren rechne ich
nicht die neueren Untersuchungen über den Ursprung
des Imperativsuffixes *-*tōd* (aind. -*tād* u. s. w.), welche

Curtius S. 141 ff. als Beweis dafür citiert, dass wir
Jüngeren trotz unsrer Abneigung gegen glottogonische
Forschungen diesen nicht aus dem Wege zu gehen
vermöchten. Es handelt sich bei uns nicht um irgend
welche lautliche Umgestaltung, die *-*tōd* in idg. Urzeit
erlitten hätte.[1] Erst Curtius' Deutungsversuch a. a. O.,
demzufolge in dem -*t*- dieses Suffixes ein *-*tva*, Suffix
der 2. Pers., und ein *-*ta*, Suffix der 3. Pers., lautlich
zusammengefallen wären, überschreitet wieder die meiner
Meinung nach notwendig einzuhaltende Grenze. Denn
die Annahme, dass in der idg. Ursprache *v* nach *t* lautlich weggefallen sei, müsste von ihm durch analoge
Fälle gestützt werden. Man könnte freilich hier an
das Pronomen der 2. Pers. aind. *tē* = hom. att. τοι
denken, das Wackernagel Kuhn's Zeitschr. XXIV 592 ff.
auf idg. **τοι̯* = **τṵοι̯* zurückführt, und damit liesse sich
auch der Herleitung von idg. *-*tha* (aind. *vḗttha*) aus
*-*thva* ein gewisser Halt geben. Indessen wären das
alles doch nur höchst unsichere Combinationen; für
-*tha* käme in Betracht, dass die Aspiration der tenuis
keine Rechtfertigung gewänne. Die Curtius'sche Auffassung von -*tōd* ist aber schon darum sehr problematisch, weil sie uns über -*d* keinerlei Aufschluss ge-

---

[1] Hinsichtlich der Hypothese, dass ἴτω ein Ablativ von ἰτό-ς
sei (welcher Hypothese ich jetzt die Gaedicke'sche vorziehen
möchte), sagt Curtius S. 142, man habe bisher gar nicht darauf
geachtet, dass zwar ἴτω zu ἰτός, φάτω zu φατό; stimme, aber nicht
λεγέτω zu λεκτός, δεικνύτω zu δεικτός. Aus dem in Morph. Unters.
I 167 Bemerkten wird man ersehen, dass ich die Consequenz,
dass λεγέτω u. s. w. analoge Nachbildungen seien, als selbst-
verständlich nicht weiter ausführte. Eine Schwierigkeit liegt
hier ebenso wenig vor als z. B. bei der Annahme, dass das -*mini*
von lat. *legāmini, legēmini* das mediale Participialsuffix sei.

währt, ein Umstand, auf den Curtius selbst hinzuweisen
nicht unterlässt.

Noch éine Stelle bei Curtius mag hier kurz besprochen werden. S. 148 heisst es: „Brugmann erklärt
mit andern Forschern die früher allgemein verbreitete
Annahme, φέρω habe, verglichen mit dem sanskr. *bhárāmi*, die Endsilbe eingebüsst, für unmöglich'. Aber
wenn wir von den lautlichen Gewohnheiten der Ursprache überhaupt wenig wissen, so folgt daraus doch
nicht, dass eine solche Kürzung nicht möglich war."
Meine Worte Morph. Unters. I 141 „Griechisch durch-
gängig -ω, welches weder aus -*ām* noch aus -*āmi* erklärt werden kann" richteten sich gegen die von Curtius
Verb. I ² 42—44 und Andern vorgetragene Ansicht,
dass φέρω den Ausgang -*mi* auf griechischem Boden
verloren habe; ich hatte, wie der ganze Zusammenhang
klar ergibt, nur die griechischen Lautgesetze im
Auge. Es muss also ein lapsus memoriae vorliegen.
Und wenn Curtius jetzt den Abfall der Endung nicht
mehr in der Zeit der Sonderentwicklung des Griechischen geschehen sein lässt, sondern der idg. Ursprache zuschreibt, so wird die Sache dadurch um
nichts besser. Wer sich darauf beruft, dass wir von
den Lautneigungen der idg. Ursprache nichts wissen,
der öffnet doch eben damit nur der Willkür Thür und
Thor, und es macht wenig aus, dass er zufügt, apodik-
tische Behauptungen seien auf diesem Gebiete allerdings nicht am Platze, man müsse behutsam vorgehen.
Manches, was in unserer 'Kritik' über die Uncontrolier-
barkeit der Analogiewirkungen bemerkt ist, wäre, meine
ich, mutatis mutandis hier an richtiger Stelle.

Wir haben in unsrer Wissenschaft, die so oft ge-
zwungen ist den verhältnismässig sicheren Boden der
Überlieferung zu verlassen und in die vorgeschichtlichen
Zeiten der einzelsprachlichen Entwicklungen zurückzu-
greifen, des Hypothetischen schon genug, dass wir der
Speculationen über urindogermanische Lautveränderungen, die zu controlieren wir in keiner Weise im Stande
sind, uns mit gutem Gewissen entschlagen dürfen. Zu
einer gesicherteren Erkenntnis des Entwicklungsganges
unsrer Sprachen und des Wesens der Sprachentwicklung
überhaupt verhelfen sie uns doch nicht, wenigstens nicht
bei dem heutigen Stand unsrer Wissenschaft. Es ist
ein gesunder, mit der von Curtius gerügten Abneigung
im Zusammenhang stehender Zug der neueren Indo-
germanistik, dass sie ihren Blick mehr als es die ältere
that, nach der Gegenwart zu wendet, dass sie, während
jene zu oft bloss fragte: woraus ist dieses hervorge-
gangen?, auch fragt: was ist aus diesem geworden?
Auf diese Weise lernen wir das Wesen der Sprachgeschichte jedenfalls besser erkennen als in den dämm-
rigen Regionen der Urgeschichte.

Ich meine also: nicht alles Glottogonische lässt sich
umgehen, aber man soll sich in einer unsern Erkenntnis-
mitteln entsprechenden Weise beschränken.

V.

Wir sind unserm Autor durch seine vier Kapitel
gefolgt, und es bleiben mir noch einige Bemerkungen
allgemeinerer Natur übrig.

Curtius spricht, wie wir sahen, von einem Bruch
mit der Vergangenheit und von völlig neuen Bahnen,
die man jetzt im Gegensatz zu den früher betretenen
empfehle. Ich für meine Person habe die neueren Anschauungen immer nur für die organische und folge-
rechte Fortentwicklung der älteren Bestrebungen ge-
halten, und diese Ansicht hat sich mir von Jahr zu Jahr
mehr befestigt. Wenn wir Jüngeren auf absolut strenge
Beobachtung der Lautgesetze dringen und die Aufgabe
der sprachgeschichtlichen Forschung immer erst dann
für gelöst erachten, wenn den lautlichen Unregelmässigkeiten gegenüber die Antwort auf das warum? gefunden
ist, so ziehen wir nur die letzte Consequenz von dem,
was man schon vorher verlangt hatte und was in
Gemeinschaft mit Schleicher und Andern namentlich
gegen Bopp und Benfey erfolgreich vertreten zu haben
eines der Hauptverdienste gerade von Curtius ist. Diese
Gelehrten waren hier auf halbem Wege stehen geblieben.
Dass das Erklärungsprincip der Analogie für die älteren
Sprachperioden mehr zur Geltung gekommen ist, ist
zum guten Theil nur wiederum als eine Folge der zu
den Lautgesetzen eingenommenen Position zu betrachten.
Wenn wir aber weiter verlangt haben, dass die Methodologie der Sprachwissenschaft auf eine genauere Untersuchung der allgemeinen Lebensbedingungen der Sprache
und der Wirksamkeit der in ihrer Entwicklung thätigen
Kräfte basiert werde, ein Verlangen, das an sich keiner
Rechtfertigung bedarf, so bedeutet diess im Grunde eine
Versöhnung und Vermittlung der Vergangenheit mit sich
selbst. Denn es dürfte klar sein, dass die Wissenschaft
der Principien der Sprachentwicklung, wie sie namentlich Paul zu verwirklichen begonnen hat, zwischen den

beiden Richtungen der Sprachwissenschaft, die früher
neben einander hergegangen waren, ohne sich in praxi
viel um einander zu kümmern, zwischen der Sprachphilosophie und der Specialforschung, diejenige enge
Verbindung und Wechselwirkung ins Leben gerufen
hat, die durch die Natur der Sache verlangt wird. Ich
verweise auf S. 33 f. der obigen Antrittsvorlesung.
Allerdings mag der Umstand, dass wir heute so viele
Détailfragen anders beantworten, als sie bis zur Mitte
der siebziger Jahre von allen oder doch den meisten
stimmfähigen Indogermanisten beantwortet wurden, der
ganzen Wissenschaft ein stark verändertes Aussehen
geben.   Aber die allermeisten dieser neueren Antworten
sind nur wiederum die notwendige Consequenz jener
Modification der Grundanschauungen.

Curtius weist selbst an verschiedenen Stellen darauf
hin, dass die neueren Anschauungen durch die älteren
vorbereitet waren (S. 7. 38. 94 und sonst), und das ist
ganz unsre Ansicht.   Auch gibt Curtius allerlei, was
mit unsern Principien enge zusammenhängt, zu.   Nur
verabsäumt er, mit uns die notwendigen Consequenzen
zu ziehen.   Ich kann den Grund von diesem Verhalten
nur darin finden, dass Curtius noch nicht gesehen hat,
wo der Kernpunkt der ganzen Meinungsverschiedenheit
liegt.   Nach meiner und Andrer Ansicht haben wir uns
unsre Forschungsprincipien zu abstrahieren aus einer
Untersuchung des Wesens der Sprachgeschichte, bei
der wir die überkommenen Schulmeinungen über die
Einzelheiten der idg. Sprachentwicklung einmal möglichst bei Seite lassen, eben um festzustellen, ob sie
haltbar sind oder nicht. Statt nun auf diese Principienfragen, deren Untersuchung uns so manche ältere An-

sicht zu verwerfen veranlasst, näher einzugehen und
von hier aus eine Widerlegung zu versuchen, werden
fast nur die Consequenzen, die wir von unserm Standpunkt aus zu ziehen uns genötigt sehen, ins Auge gefasst und an ihnen, durch Vergleichung derselben mit
den früheren Meinungen, eine Kritik geübt, die uns,
die Getadelten, unmöglich zu einer Rückkehr zum
Alten veranlassen kann.

Ich möchte wissen, was Curtius vorschwebte, als
er die Worte schrieb (S. 155): „Auch hat, irre ich nicht,
die Zuversicht, mit der man vor neun Jahren eine
neue Aera erwartete, schon vielfach sehr nachgelassen."
Ich für meine Person bin in der Zuversicht, dass wir
uns heute auf richtigem Wege befinden, nur immer mehr
bestärkt worden, und glaube dieses auch von allen
Andern zu wissen, die in den letzten Jahren bemüht
gewesen sind, für die Methode eine sicherere Basis zu
schaffen als wir früher hatten. Sollte jene Meinung
von Curtius durch den Umstand hervorgerufen sein,
dass die meisten von uns den sonderbaren Angriffen
von Seiten gewisser jüngerer Gelehrten, die seit Jahren,
während sie sich in aller Stille vieles und wesentliches,
was die Leskien'sche Richtung geschaffen, zu eigen
machen, dem Publicum bei jeder Gelegenheit ohne Vor-
führung von Gründen, ohne Eingehen auf die Sachen
kund thun, wir seien ein Verderb für die Wissenschaft,[1] -- dass sie solchen Angriffen ein beharrliches
Schweigen entgegensetzen? Es wäre das eine falsche

---

[1] [Um von solchen, die der indogermanischen Sprachforschung ferner stehen, nicht missverstanden zu werden (vgl.
S. 129 ff.), bemerke ich, dass Joh. Schmidt zu diesen Gelehrten
nicht gehört]

Auslegung dieses Verfahrens. Aber ich sehe vorläufig
keine andre Möglichkeit jene Worte von Curtius zu
deuten.

Mit Rücksicht auf jene selben Herren, die den
seltsamen Modus befolgen, für jedes, was der Einzelne
falsch gemacht hat oder haben soll, Alle, die in den
Principienfragen mit ihm auf gleichem Boden stehen,
verantwortlich zu machen, muss ich zum Schluss noch
darauf hinweisen, dass ich für alles, was ich etwa in
dieser Erwiederung verfehlt haben sollte, allein Rede zu
stehen habe. Ich halte es für wol möglich, ja für sehr
wahrscheinlich, dass der eine oder andre von meinen
wissenschaftlichen Partnern über diesen oder jenen Punkt
anders denkt als ich, und bitte jene Gelehrten, ihr mit
den einfachsten Forderungen der Gerechtigkeit unver-
einbares Verfahren einstellen zu wollen.

ANHANG.

BEMERKUNGEN ZU J. SCHMIDT'S BEURTHEILUNG DER NEUEREN ENTWICKLUNG DER IDG. SPRACHWISSENSCHAFT.

Die vorstehende Erwiederung auf Curtius' Schrift 'Zur Kritik u. s. w.' war abgeschlossen und sollte der Druckerei übergeben werden, als mir Johannes Schmidt's Besprechung des Curtius'schen Buches in der Deutschen Litteraturzeitung 1885 Sp. 339 ff. zukam.

In den meisten Punkten befinde ich mich zu meiner Freude mit Schmidt in voller Übereinstimmung. Auch er, „der bekanntlich in ganz wesentlichen Stücken der neuen Lehre sich anschliesst" (Curtius S. 17), hält nicht durch Curtius den Beweis für erbracht, dass wir zu dem verlassenen Standpunkt zurückzukehren haben.

Doch nicht diess ist für mich Anlass, mich hier mit Schmidt's Recension zu beschäftigen, sondern einige in dieser vorkommende Bemerkungen über den neueren Entwicklungsgang der Sprachwissenschaft, die mit dem in der obigen 'Antrittsvorlesung' und 'Erwiederung' Gesagten nicht im Einklange stehen und die ich nicht für zutreffend zu halten vermag.

Während bisher Leskien als derjenige angesehen wurde, der den Grundsatz der Ausnahmslosigkeit der

Lautgesetze zuerst aufgebracht und in die Praxis eingeführt habe, sagt Schmidt zu Anfang seiner Recension
Folgendes: „Die 'neuesten Sprachforscher', welche in
diesem Buche kritisiert werden, sind alle diejenigen,
welche Schleichers Methode in irgend einer Weise befolgen. Schleicher zuerst lehrte, dass alle Umgestaltungen, welche die indogermanischen Worte von der
Urzeit bis auf den heutigen Tag erlitten haben, durch
zwei Factoren verursacht seien, ausnahmslos wirkende
Lautgesetze und sie durchkreuzende falsche Analogien,
welche sich auch 'schon in älteren Sprachperioden geltend machten' (Dtsche Spr. 1. Aufl. 1860, S. 60). Weiteren
Kreisen ist diese Lehre durch Leskien vermittelt worden,
welcher auch dem Verf. für deren Urheber gilt." [1] Hiernach wäre Leskien nur der Interpret Schleicher's gewesen. Was das heissen soll, Leskien habe die Lehre
„weiteren Kreisen" vermittelt, verstehe ich nicht.
Schleicher's Hauptwerk, das Compendium, war doch
gewiss weiteren Kreisen bekannt als in die Leskien's
Publicationen oder seine mündliche Lehre dringen
konnten. Man ist also versucht zu glauben, Schmidt
wolle sagen, Schleicher habe den in Rede stehenden
Grundsatz mündlich überliefert, eine Vermutung, die
um so näher liegt, weil man sich vergeblich in Schleicher's
Schriften nach einem Ausspruch umsieht, den man mit
der Leskien'schen Lehre zu identificieren berechtigt wäre.

---

[1] In Kuhn's Zeitschr. XXVI 329 sagte Schmidt: „Blind
wirkende Lautgesetze und sie durchkreuzende Analogien sind
die beiden Factoren, durch deren Zusammenwirken Schleicher
und die ihm folgenden alle Umgestaltungen der Worte von der
Ursprache hinab bis auf den heutigen Tag erklären." Der Ausdruck „blind wirkend" war mir bisher zweideutig. Was gemeint
ist, wird jetzt durch die im Text angeführten Worte Schmidt's klar.

Ob das richtig ist, kann ich nicht untersuchen. Leskien, der mit Schleicher in intimem persönlichen Verkehr stand, müsste es mindestens so gut wissen wie Schmidt. Doch darauf kommt nichts an. Schleicher's methodische Principien waren sicher in seinen Vorlesungen und wissenschaftlichen Gesprächen keine andern als in seinen Publicationen. Die gedruckt vorliegenden lautgeschichtlichen Untersuchungen Schleicher's müssen zeigen, ob Schmidt Recht hat oder nicht. Da braucht man sich nicht lange umzusehen, um zu erkennen, dass zwischen Schleicher's Verfahren und dem von Leskien und uns anderen Jüngeren die wesentlichsten Unterschiede bestehen, dieselben, die uns heute von Curtius trennen.

Ich begnüge mich mit wenigen Beispielen, die ich dem Compendium entnehme. Slavisch: $n\breve{e}s\breve{u}$ aus *$ness\breve{u}$ mit Ersatzdehnung, aber $des\breve{\imath}n\breve{u}$ aus *$dess\breve{\imath}n\breve{u}$ ohne solche, und gleichartige Inconsequenzen auch sonst (§ 182). $\check{c}islo$ aus *$\check{c}itlo$, aber $plel\breve{u}$ aus *$pletl\breve{u}$, $g\breve{u}n\rho ti$ für *$g\breve{u}bn\rho ti$, doch bleibt $gybn\rho ti$ unverändert (ibid.). $b\bar{\imath}j\rho$ aus *$bijants$ mit ρ, aber $bij\rho t\breve{\imath}$ aus *$bijanti$ mit ρ (§ 87). Griechisch: Dasselbe vorgriech. j- als ζ- in $\zeta\upsilon\gamma\acute{o}\nu$, als ʽ in $\dot{\upsilon}\mu\varepsilon\tilde{\imath}\varsigma$ (§ 145). $\varkappa\alpha\varkappa\acute{\imath}o\nu\varepsilon\varsigma$ aus *$\varkappa\alpha\varkappa\iota o\nu\sigma\varepsilon\varsigma$, aber $\chi\eta\nu\acute{o}\varsigma$ aus *$\chi\varepsilon\nu\sigma o\varsigma$ und daneben $\pi\acute{\varepsilon}\varphi\alpha\nu\sigma\alpha\iota$ als „archaischer Rest" (§ 148. 232). Aus § 148 weiter: $\mu\varepsilon\acute{\imath}\zeta o\upsilon\varsigma$ aus *$\mu\varepsilon\acute{\imath}\zeta o\nu\varepsilon\varsigma$, $\varkappa\acute{\varepsilon}\rho\omega\varsigma$ aus $\varkappa\acute{\varepsilon}\rho\alpha\tau o\varsigma$ durch Schwund des ν und des τ; $\varphi\acute{\varepsilon}\rho\omega\nu$ aus *$\varphi\varepsilon\rho o\nu\tau\varsigma$, aber $\delta\iota\delta o\acute{\upsilon}\varsigma$ aus *$\delta\iota\delta o\nu\tau\varsigma$; $\mathring{\eta}\nu\upsilon\sigma\mu\alpha\iota$, $\pi\acute{\varepsilon}\pi\varepsilon\iota\sigma\mu\alpha\iota$ mit $\sigma\mu = \tau\mu$, $\vartheta\mu$, dagegen diese Gruppen geblieben in $\mathring{\alpha}\tau\mu\acute{o}\varsigma$, $\mathring{\alpha}\rho\iota\vartheta\mu\acute{o}\varsigma$; $\delta\acute{o}\gamma\mu\alpha$ mit $\gamma\mu = \varkappa\mu$, aber diess Gesetz in der älteren (ionischen) Sprache nicht durchgeführt, z. B. $\mathring{\iota}\varkappa\mu\varepsilon\nu o\varsigma$; $\mathring{o}\rho\varepsilon\iota\nu\acute{o}\varsigma$ aus *$\mathring{o}\rho\varepsilon\sigma\nu o\varsigma$ mit Ersatzdehnung, $\mathring{\varepsilon}\nu\nu\upsilon\mu\iota$ aus *$F\varepsilon\sigma\nu\upsilon\mu\iota$ ohne solche;

9*

Aspiration nicht aspirierter Consonanten durch den Einfluss vorhergehender Dauerlaute, z. B. σχίζω, πάσχω, ὀμφή, ἔγχος. Nirgends ist hier die Frage aufgeworfen, worin die Unregelmässigkeit begründet sein könnte, oder angedeutet, dass es sich überall um Probleme handele, die noch zu lösen sind. Oft genug wird das eine x durch das andre gestützt, wie z. B. § 149 für die Annahme, dass aus λέγομες zunächst *λέγομε (daraus weiter λέγομεν) geworden sei, als Analogon οὕτω aus οὕτως herangezogen wird. Nimmt man nun noch hinzu, dass Schleicher durch ein „Gefühl für die Function der einzelnen Elemente des Wortes" in den älteren Perioden der Sprachen die lautliche Verwitterung des Wortes aufgehalten sein lässt (Deutsche Sprache [2] 63), so dürfte klar sein, dass zwischen Schleicher's Standpunkt und dem von Curtius kein irgend wesentlicher Unterschied ist.

Wäre die Leskien'sche Lehre etwas altes, so müsste sich das ja auch an Joh. Schmidt's eigenen älteren Arbeiten zeigen. Ich hebe einiges aus ihnen aus.

Arisch. Behandlung von a + Nasal + Cons.: die Lautgruppe liegt unverändert vor (beziehentlich Anusvāra) z. B. in aind. kámpatē, haṃsá-, dagegen Dehnung des a in mahā́ntam, kāntá- Voc. I 38 f. Kuhn's Zeitschr. XXIII 284, ā und Schwund des Nasals in khā́dati, çāsatē Voc. I 33 ff., ubhā́u aus *ambhāu 152, Dehnung verbunden mit Vocaltrübung in kḗpatē = kámpatē, bhrḗṣati aus bhrámçatē 37 f., und diess ē aus a + Nas. auch noch Kuhn's Zeitschr. XXIV 319. Intervocalischer Nasal bewirkte Dehnung von vorausgehendem a in -māna-, kṣā́m-as Voc. I 39.[1] Imper. açānā́

---

[1] Ebendas. heisst es: „In der Declination hat die Sprache

mit einem „aus dem Stimmtone des *n* erwachsenen *ā*"
Kuhn's Zeitschr. XXIV 313. *yuñjatē* zu **yūjatē*, diess
zu *yōjatē* Voc. I 144. Lateinisch. Neben *fingere*
steht *flīgere* aus **flingere*, *līgula* aus **lingula*; neben
ancus, *planta* steht *vācillare* aus **vancillare*, *ăpis* =
ἐμπίς, *Plautus* aus **Plantus* Voc. I 104 ff. 179 f. „*con-
-sobr-īnus* bekanntlich aus **sostr-īnus*" Kuhn's Zeitschr.
XXV 42, wobei man vergeblich fragt, warum nicht auch
z. B. *ustrīna* zu *ubrīna* geworden ist. Griechisch.
Die Vocaldehnung vor Nasal + σ ist „facultativ", μην-
aus **μενσ-*, aber μεῖζον- aus **μειζονσ-* Voc. I 113. Im
Attischen steht neben κάμψω λήψομαι aus dem im
Ionischen erhaltenen λάμψομαι; die Vermittlung zwischen
beiden im Volksmund erhalten, nach λήμψομαι in Hand-
schriften des N. T. zu schliessen, ebend. 118 f. Daneben
ξουθός aus ξανθός 181. ἰθύς und εὐθύς aus **ἐνθύς* 124.
181. Aus *vand-* 'singen': Ϝενδ-, Ϝινδ-, Ϝῑδ-, Ϝειδ-
(ἀείδω) und αἴθω = aind. *indhé* 126. 135. *v* = *an* in
βυθός neben βένθος, das zwischen *ã* und *v* liegende *o*
aus *an* erhalten in εἴκοσι 180 f. Vgl. zu diesen Ansichten über Geschichte der Nasale auch Kuhn's Zeitschr. XXIII 341 Anm. ῥ, λ zeigen vocaldehnende
Kraft in -τηρ- =: -tar-, γῆρας aus **γερας*, ὠλένη, ἀρήγω
neben ἀρκέω Voc. II 309. 311. In dor. Mundarten
wird ερ, ρε zu αρ, ρα, z. B. lokr. πατάρα; „ein Lautgesetz waltet in den genannten Dialekten nicht, das
beweisen z. B. μέρος, πέρ der opuntischen Inschrift, wir

---

dieser phonetischen Neigung nur in bestimmten Casus freien
Lauf gelassen, bei consonantischen Stämmen in den sogenannten
starken, bei vocalischen nur im gen. pl. und hat dieselbe aus-
genutzt, um diese Casus noch mehr, als es durch die Casusendung
ohnehin geschah, von den übrigen zu scheiden."

haben es nur mit einer Lautneigung zu thun" (!)
Kuhn's Zeitschr. XXIII 341.

Mit Vorliebe nahm Schmidt früher „zurückge-
bliebene Altertümlichkeiten" an, wie in σῦς mit σ statt´,
(ebend. 453), lat. *quattuor*, gr. γῆϱας, ahd. *wegat*, lit.
véžate mit *a* statt *e* (336. 365. 362); über das *a* in
dem letzten Fall, in der Präsensstammbildung, heisst
es: „Die einzige Theorie, welche ohne eine Reihe un-
erwiesener Voraussetzungen zu Hilfe nehmen zu müssen,
gleichmässig allen Thatsachen gerecht wird, ist die, dass
die Tonerhöhung des *a* zu *e* in der Präsensflexion sich
allmählich wellenförmig über die Vorfahren der Euro-
päer verbreitete. In der 2. 3. sg. act. drang sie bei
allen durch, in der 2. du. und 2. 3. sg. med. dagegen
war die Bewegung nicht stark genug um bis zu den
Litauern und Germanen vorzudringen, welche ihr *a* behielten; in der 2. pl. erreichte die Welle noch einige
germanische Stämme, drang aber nicht bis zu den übrigen
und bis zu den Litauern vor."

Jeder fragt hier doch: Wo bleibt die Ausnahmslosigkeit der Lautgesetze? Kann dieses Verfahren im
Ernst für dasselbe ausgegeben werden wie das Leskien'-
sche, dem der Gedanke zu Grunde liegt, dass in derselben Verkehrsgenossenschaft der unter gleichen Bedingungen stehende Laut zur selben Zeit stets auch in
derselben Weise behandelt wird, und das die Forderung
in sich schliesst, für jede lautliche Unregelmässigkeit
eine Erklärung zu suchen und, so lange eine plausible
Deutung nicht gefunden ist, die wissenschaftliche Aufgabe für ungelöst zu halten?

Aber Schmidt hat sich vielleicht nur falsch ausgedrückt und meinte, es sei zwar in dem Leskien'schen

Satz etwas wesentlich Neues, aber die Grundlage sei
doch dieselbe, die wir schon bei Schleicher finden, und
diese Vermutung könnte vielleicht auf die Worte sich
stützen wollen, welche Schmidt auf die oben citierten
der Curtius'schen Recension folgen lässt: „In der Art,
wie sie die beiden Principien handhaben, wie sie Gesetze aufstellen, und unter welchen Bedingungen sie
Einwirkungen falscher Analogie annehmen, scheiden
sich die einzelnen Nachfolger Schleicher's erheblich von
einander, wie Ref. wiederholt gezeigt hat." Aber dann
fragt man doch: wie kommt gerade Schleicher dazu, als
der bezeichnet zu werden, von dem die ganze Bewegung
ausgegangen ist? Ebenso gut konnten dann Curtius,
Pott und schliesslich auch Bopp genannt werden. Wie
viel unsre Wissenschaft Schleicher verdankt, wissen wir
Alle gerade so gut wie Schmidt, aber dass er neben
Curtius, Corssen, Ebel u. s. w. zu der Frage der Lautgesetze eine ganz besondere Stellung eingenommen
habe, die unsre heutigen Anschauungen speciell vorbe-
reitete, das beweise wer kann.

Sp. 341 heisst es: „C. wendet sich mit Recht gegen
die übereilte und übertriebene Anwendung dieses Er-
klärungsprincipes [der falschen Analogie], fordert den
positiven Nachweis der Wahrscheinlichkeit, nicht allein
die negative Behauptung, dass eine lautliche Erklärung
unmöglich sei, und giesst die volle Schale seines Spottes
über die junggrammatischen Lobpreisungen der 'Himmelstochter' aus (S. 39—47). Es sind goldene Worte. Sie
treffen aber den Ref. nicht nur nicht, sondern sind in
vollstem Einklange mit dessen Ausführungen KZ. XXVI
329." Dass Schmidt sich des Curtius'schen Spottes ge-
freut hat, glaube ich ihm. Schade nur, der Spott ist

stumpf. Schmidt hat übersehen, dass die 'Himmelstochter' das Kind eines sehr menschlichen Missver-
standes ist, wie ich oben S. 86 gezeigt habe. Hoffent-
lich ist dieses arme Wesen nun für immer zur Ruhe
gebracht. Zur Sache selbst ist zu bemerken, dass, wenn
Schmidt Curtius' Betrachtungen S. 39—47 unterschreibt,
daraus nur hervorgeht, dass er über das Grundwesen
der Analogie ebenso im Unklaren ist wie Curtius (vgl.
oben S. 75 ff.). Aus Kuhn's Zeitschr. XXVI 329 war
diess noch nicht zu ersehen, da Schmidt hier davon nicht
spricht, was er sich unter Analogie denkt.

Es kann auch gar nicht auffallen, dass Schmidt
über die Analogie noch nicht ins Klare gekommen ist.
Er hält ja alle principiellen Erörterungen für nutzlos.
Es heisst Sp. 342: „Allgemeine Erörterungen über die
Methode der Sprachforschung, mit denen wir seit Jahren
übersättigt sind, fördern die Sache nicht. Jeder Einzel-
fall hat seine eigene Methodik. Wer sich noch so stolz
im Besitze der richtigen Principien wiegt, kann trotzdem im Einzelfalle die allerverkehrteste Erklärung geben,
wenn er nicht weiss, welche Gesetze gerade hier ge-
wirkt haben, und ob überhaupt, eventuell woher deren
Wirkung durch Analogien gestört ist. Das ist der einzige Grund der Gegensätze, welche nicht nur zwischen
der 'älteren' und der 'neuesten Sprachforschung', sondern
nicht minder stark zwischen den einzelnen dem Verf.
in einer Linie erscheinenden 'neuesten' Sprachforschern
bestehen. Ein Beispiel mag die Lage veranschaulichen.
Verf. S. 65, Ref. KZ. XXVII 309 f. und Osthoff Perf.
284 f. sind einstimmig darin, dass Perfecta wie τετρίφαται
durch falsche Analogie entstanden seien, aber trotz Anwendung des selben 'allgemeinen Principes' geben sie

drei verschiedene Erklärungen, ein sprechendes Zeugnis
für die Nutzlosigkeit aller allgemeinen methodologischen
Erörterungen.“

Es bedarf wol keines Beweises, dass der Ge-
schichtsforscher, der sich um die allgemeinen Lebensbedingungen seines Untersuchungsobjectes nicht be-
kümmert, unzähligen Einzelheiten, deren ursächlichen
Zusammenhang er feststellen soll, ganz urtheilslos gegenübersteht und dass er viel leichter und öfter fehlgreift
als der, welcher sich in jener Richtung orientiert hat.[1]
Unsre indogermanische Sprachforschung hat Untersuchungen über das Grundwesen der Sprachentwicklung nie
ganz bei Seite gelassen, aber in systematischerer Weise
erst seit kurzer Zeit in Angriff genommen, und dass
wir heute in vielen Einzelfragen uns anders entscheiden
als die älteren Indogermanisten, beruht zum grössten
Theil auf diesen neueren methodologischen Betrachtungen,
die von verschiedenen Seiten angestellt worden sind, und
von denen auch bereits Joh. Schmidt, wie seine Arbeiten seit Kuhn's Zeitschr. XXV 1—179 bekunden,
reichen Nutzen zu ziehen verstanden hat. Es ist also
nur eine grobe Selbsttäuschung, wenn Schmidt alle allgemeinen methodologischen Erörterungen für nutzlos hält.

Dass trotz dieser das Urtheil der verschiedenen
Forscher in Détailfragen auseinandergeht, beweist ganz
und gar nicht was es beweisen soll. Denn erstlich
steht die Principienforschung trotz aller bereits darauf
verwandten Mühe noch in den Anfängen; es darf sich
heute noch keiner „stolz im Besitze der richtigen Principien wiegen“, und es thut es auch kein Sachverstän-

---

[1] Vgl. oben S. 29 ff.

diger. Sodann ist die uns zu Gebote stehende Überlieferung eine viel zu fragmentarische und unzuverlässige,
als dass wir hoffen dürften, es werde gelingen, alle
gegebenen Bruchstücke richtig einzuordnen. Und schliesslich sind wir alle eben nur — Menschen.

Allerdings braucht nicht jeder Specialforscher aktiv
sich an diesen principiellen Untersuchungen zu bethei-
ligen. Sie sind nicht jedermanns Sache und Geschmack.
Aber auch der, welcher zu ihnen keinen Beruf in sich
fühlt und sich von ihnen leicht „übersättigt" fühlt wie
Schmidt, sollte doch wissen, dass und warum es mit der
Détailgelehrsamkeit allein nicht gethan ist. Wie denkt
sich denn Schmidt, dass die vielgliedrige Forschung auf
dem weiten Gebiete der indogermanischen Sprachen, die
heute noch sehr verschiedene Wege geht, je zu einer
Einheit und Einheitlichkeit kommen soll, wenn die allgemeinen Fragen unerörtert und alles dem Instinct des
Einzelnen überlassen bleibt?

Schon öfter hat Schmidt, aber noch nie so klar wie
in den citierten Stellen unsrer Recension, hervortreten
lassen, dass er nicht mit uns Andern auf éine Linie
gestellt sein möchte. Curtius hat es gethan, und bekanntlich vor ihm auch Andere, die ihn auf Grund
seiner neuesten Arbeiten als 'Junggrammatiker' bezeich-
neten. Dass er den Unterschied so betont, den er
natürlich zu seinen Gunsten gemacht wissen möchte,
veranlasst mich, auf jene Stelle Kuhn's Zeitschr. XXVI
329 ff. etwas näher einzugehen.

Schmidt bemerkt, dass er noch heute an der Ansicht festhalte, „dass die Annahme von Formübertragungen für den Sprachforscher ein ultimum refugium ist,
welches man mit Freuden verlässt, sobald sich die Mög-

lichkeit einer lautgesetzlichen Erklärung eröffnet (Voc. II 433)". Entsprechend sagten Osthoff und ich Morph. Unters. I p. XVII: „Auch für uns ist die Formassociation immer noch ein 'ultimum refugium'." Also hier sind wir einig, wie Schmidt S. 330 selbst bemerkt.

„In der Praxis aber gehen unsere Wege vielfach auseinander". „Je leichter es ist, durch Annahme von Formübertragungen fast alles aus allem herzuleiten, desto strengere Rechenschaft muss man sich in jedem einzelnen Falle darüber geben, ob diese Annahme gestattet ist. Eine analogistische Erklärung, welche allein negativ durch das Nichtvorhandensein einer lautgesetzlichen begründet wird, nicht durch innere Wahrscheinlichkeit überzeugt, ist nichts als ein vorläufiger rein subjectiver Abschluss oder Abbruch der Untersuchung, der an wissenschaftlichem Werthe hinter dem offenen Bekenntnisse des Nichtwissens nicht selten zurücksteht. Um zu überzeugen muss eine analogistische Erklärung positiv wenigstens annähernd ebenso bewiesen werden wie ein Lautgesetz." Was hier über die Annahme von Analogiebildungen gesagt wird, ist gewiss richtig, und ich gebe bereitwilligst zu, was ich auch Morph. Unters. I p. XVIII indirect zugestanden hatte, dass ich zuweilen Formassociationen angenommen habe, ohne sie „bewiesen" zu haben. Aber nicht zugeben kann ich, dass hier in der Praxis ein irgend wesentlicher Unterschied zwischen uns und Schmidt bestehe. Entsprechen Schmidt's Analogieerklärungen immer jenen Anforderungen? Folgende, die ich beispielshalber aushebe, doch gewiss nicht.

Nach Kuhn's Ztschr. XXV 7 ist das *ā* von aind. *bhárāmas, ábharama, álipāma* für *a* eingetreten nach der Analogie von *bhárāmi*. Man fragt: warum nicht auch 1. Sg. *ábharām, álipām?*

Nach S. 8 ff. desselben Aufsatzes standen einst im Indischen einander gegenüber 1. sg. *jagáma,* 3. sg. **jagáma* und 1. sg. **çaçᾱda,* 3. sg. *çaçᾱda.* Nun wurde, um die 1. sg. und die 3. sg. zu differenzieren, in der 1. sg. **çaçᾱda* zu *çaçáda* nach *jagáma,* in der 3. sg. **jagáma* zu *jagᾱma* nach *çaçᾱda,* und das geschah trotzdem, dass die 1. sg. *dadárça bubṓdha* und die 3. sg. *dadárça bubṓdha* gleichlautend waren und blieben und ein Gefühl für Uniformität der 1. und 3. sg. wach halten mussten.

Ebenda S. 16: „Im Slawischen wurden **gās-* und **gás-* zu **gas-* ausgeglichen (*gos-podĭ*), wie im Griechischen πωδ- und πεδ- zu ποδ-", und S. 50: „Die durch alle Casus gehenden *o* von γόνυ, δόρυ lassen sich nun einfach [!] als Ausgleichungen zwischen dem ω von **γῶνυ* (= *jánu*) und dem ε von **γενϜῶν* = γεννῶν deuten."

S. 159 ff. Mit dem von Schmidt aufgestellten Lautgesetz, dass idg. *gi* (mit velarem *g*) im Griechischen zu δι werde, stehen βίος, βία und βιός nicht im Einklang. Es wird angenommen, βίος habe sein β von βείομαι und einem **βοιος* bekommen, und jenes sei nach diesem für **δειομαι* eingetreten. Von βία und βιός heisst es: „Diese versprengten Nachkommen einer in den arischen Sprachen reich entwickelten Familie werden die β vor ι durch ähnliche Übertragungen erhalten haben wie βείομαι, βίος."

XXVI 375: Aus urital. Perf. **fefāci, *făcimuș* entwickelte sich „mit Übertragung des *ē* aus Formen wie *sēdimus* = got. *sētum,* skr. *sēdimá* zunächst vielleicht in den schwachen Formen **fefāci, fēcimus,* später *fēci,*

fēcimus", wozu noch die Anmerkung: „Wie diese ausschliesslich italische Übertragung des *ē* zu Stande gekommen ist, weiss ich nicht."

XXVII 311: Im Ion. wurde die 3. Plur. *τετρά-
παται, *μεμιγαται zu τετράφαται, μεμίχαται nach dem
Muster von τέτραφθε, μέμιχθε, und diese Erklärung
wird zu der Folgerung benutzt, der erste Component
der Verbindungen φθ, χθ sei wirklich als aspirata, nicht
als tenuis gesprochen worden. Vgl. auch Osthoff, Zur
Gesch. d. Perf. 614 und Curtius Zur Kritik S. 62.

Ich kann also hier einen ins Gewicht fallenden
Unterschied nicht finden und gehe weiter zu dem Satz
über, auf den Schmidt, wie es scheint, das Hauptgewicht
gelegt haben möchte: „Zwischen den anerkannten Lautgesetzen und der falschen Analogie gibt es noch ein
drittes, auf dessen Eingreifen man überall gefasst sein
muss, nämlich unbekannte Lautgesetze". Aber auch
das ist nichts neues. Es ist von jeher von uns betont
worden und wurde auch schon von Grimm, Bopp u. s. w.
beachtet, dass der Schein der Ausnahme dadurch entstehen kann, dass ein Lautgesetz das andre kreuzt.
Demgemäss waren auch wir auf das Eingreifen jenes
Dritten gefasst. Vgl. S. 70, ausserdem z. B. Morph.
Unters. IV 410, wo ich (wie auch Osthoff, ebend. S. 173)
ein „unbekanntes Lautgesetz" vermutete, während Schmidt
sich mit Analogieerklärungen (es handelt sich um βίος
statt *διος etc., oben S. 140) abgefunden hatte.

Allerdings tritt in der praktischen Anwendung des Begriffs „unbekannte Lautgesetze" ein Unterschied zwischen Schmidt und uns hervor, wie Kuhn's
Ztschr. XXVI 352 zeigt. Hier heisst es, das *v* von -*vēns*,
-*vens* (Suffix des ptc. pf. act.) habe im Griechischen und

Germanischen das folgende $\bar{e}, e$ in $\bar{o}, o$ verwandelt. Hierfür lägen im Griechischen und Germanischen „mehr-
fache Analoga" vor. „Griech. o, ω ist aus $ve, v\bar{e}$ auf
zwei verschiedenen Wegen entstanden. Theils ist $Fε$
zu Fo geworden mit bewahrtem F, theils ist es zu o
geworden, indem beide Laute verschmolzen, ersteres in
$Fοῖκος$, $Fοῖνος$, letzteres sicher in den drei ersten der
folgenden Beispiele: hom. $ὦνος$; hom. $ὄχος;ὀδμή;ὄργανον;$
$ὀροοί;δοιοί$. Bei den part. perf. lässt sich nicht bestimmen, ob $v\bar{e}, ve$ direct zu ω, o oder zunächst zu $F\omega$,
Fo geworden sind." Nimmt man nun noch hinzu, dass
S. 354 für $ἐστακεῖα$ vermutet wird, hier habe wol das
folgende i die Wirkung des vorhergehenden v, durch
welches $-vet-$ zu griech. $-οτ-$ geworden sei, paralysiert,
so haben wir, da ja auch die Fälle wie $Fεχέτω, ἔχεσφον,$
$Fέπος, ἔπος$ vorliegen, vier Lautgesetze neben einander.
Natürlich fragt man: unter welchen besonderen Bedingungen hat jedes gerade bei diesen Formen so ge-
wirkt und bei andern, in denen der Laut unter denselben
Bedingungen zu stehen scheint, nicht so, sondern anders?
$ἐστακεῖα$ vergleiche man mit $δοιοί$. Da Schmidt sich
S. 340 der Recension zu Leskien's Satz (so, nicht Schleicher's, werde ich mir auch ferner erlauben diesen Satz
zu nennen) bekennt, „dass alle gleichen Laute, welche
unter genau gleichen Bedingungen stehen, zu gleicher
Zeit in einem und demselben Dialekte die gleichen Veränderungen erleiden müssen," so hat auch er sich jene
Frage gewiss vorgelegt. Wenn nun Schmidt sich etwa
so ausgedrückt hätte: „Es scheint, dass $v\bar{e}$ und ve im
Griechischen verschieden behandelt worden sind, aber
hier ist alles noch problematisch, weil wir die besonderen Bedingungen noch nicht erkennen", so könnte

man sich das gefallen lassen.[1] Aber davon ist er so
weit entfernt, dass er seine Erklärung von ὦνος, ὄχος,
ὀδμή für „sicher" ausgibt. Das heisst: das „unbekannte
Lautgesetz" wird wie eine festgestellte Grösse behandelt.
Und das verträgt sich doch mit der Logik schlechterdings nicht. Die „unbekannten Lautgesetze" könnten
ja auch etwas ganz andres sein, z. B. könnte ὦνος
lat. vēnum ein altes Ablautverhältnis darstellen trotz
des nicht nachgewiesenen F, Fοῖκος könnte ebenso, trotz
vīcus, ein idg. oi haben, oder es könnte auf griechischem
Boden an *Fοιξ (in οἴκα-δε) angeglichen sein, u. s. w.
Wenn man nicht weiss, ob der gesuchte Factor gerade
die Wirksamkeit einer lautlichen Veränderungstendenz
ist, was hat das für einen Sinn, von „unbekannten
Lautgesetzen" zu sprechen?

Ich schliesse mit einer Bitte an Schmidt.

Jeder, dem das Wol unsrer Wissenschaft am Herzen
liegt, muss darauf bedacht sein, dass jene Einheit, von
der ich oben S. 39 in Anknüpfung an die beherzigens-
werten Worte von Whitney sprach, bald zu Stande
komme. Kleine Meinungsdifferenzen zwischen den einzelnen Forschern werden freilich stets bleiben, das ist
menschlich und nicht unnatürlich. Aber was soll das

---

[1] Wir Alle haben, wie mir scheint, uns bisher in Fällen,
wo wir Wirkungen verschiedener Lautgesetze neben einander
vermuteten, ohne die besonderen Bedingungen für jedes derselben angeben zu können, nicht immer reserviert genug ausgedrückt. Doch sind in dieser Beziehung einige von uns, zu
zu denen ich mich rechnen darf, von Jahr zu Jahr strenger geworden. Ich bin weit entfernt davon, zu behaupten, die Consequenzen des Leskien'schen Satzes seien von uns gleich von
Anfang an in der Praxis stets in der Schärfe gezogen worden,
wie es sich gehört hätte. Auch hier gilt: nihil in natura per
saltum.

heissen, dass Schmidt nun schon seit Jahren bemüht ist
die geringfügige Differenz zwischen sich und vielen
seiner Mitforscher zu einem gewaltigen Gegensatz auf-
zubauschen, als ob er der einzig Gerechte sei und die
Andern nichts oder wenig taugten? Ich bitte Schmidt,
er werde toleranter!

For EU product safety concerns, contact us at Calle de José Abascal, 56–1°,
28003 Madrid, Spain or eugpsr@cambridge.org.

www.ingramcontent.com/pod-product-compliance
Ingram Content Group UK Ltd.
Pitfield, Milton Keynes, MK11 3LW, UK
UKHW012340130625
459647UK00009B/413